崇文馆

崇文国学经典普及文库
CHONGWEN GUOXUE JINGDIAN PUJI WENKU

贞观政要

（唐）吴兢 编撰　段曹 注译

长江出版传媒｜崇文书局

图书在版编目(CIP)数据
贞观政要/(唐)吴兢编撰;段曹注译.—2版.—武汉:
崇文书局,2015.6(2016.1重印)
(崇文国学经典普及文库)
ISBN 978-7-5403-3920-3

Ⅰ.①贞… Ⅱ.①吴… ②段… Ⅲ.①典章制度-中国-唐代
②《贞观政要》-注释 ③《贞观政要》-译文 Ⅳ.①D691.5

中国版本图书馆CIP数据核字(2015)第110945号

统　　筹:陈中琼
责任编辑:曾　咏

出版发行:长江出版传媒 Changjiang Publishing & Media | 崇文书局 Chongwen Publishing House
(武汉市雄楚大街268号·湖北出版文化城主楼C座11层
营销:027-87393855　传真:027-87679712)
印　　刷:咸宁市国宾印务有限公司
开　　本:710×1000　1/16
印　　张:14.5
字　　数:160千字
版　　次:2015年6月第2版
印　　次:2016年1月第3次印刷
定　　价:26.00元

总序

现代意义的“国学”概念，是在19世纪西学东渐的背景下，为了保存和弘扬中国优秀传统文化而提出来的。1935年，王淄尘在世界书局出版了《国学讲话》一书，第3页有这样一段说明：“庚子义和团一役以后，西洋势力益膨胀于中国，士人之研究西学者日益众，翻译西书者亦日益多，而哲学、伦理、政治诸说，皆异于旧有之学术。于是概称此种书籍曰‘新学’，而称固有之学术曰‘旧学’矣。另一方面，不屑以旧学之名称我固有之学术，于是有发行杂志，名之曰《国粹学报》，以与西来之学术相抗。‘国粹’之名随之而起。继则有识之士，以为中国固有之学术，未必尽为精粹也，于是将‘保存国粹’之称，改为‘整理国故’，研究此项学术者称为‘国故学’……”从“旧学”到“国故学”，再到“国学”，名称的改变意味着褒贬的不同，反映出身处内忧外患之中的近代诸多有识之士对中国优秀传统文化失落的忧思和希望民族振兴的宏大志愿。

从学术的角度看，国学的文献载体是经、史、子、集。崇文书局的这一套国学经典普及文库，就是从传统的经、史、子、集中精选出来的。属于经部的，如《诗经》《论语》《孟子》《周易》《大学》《中庸》《左传》；属于史部的，如《战国策》《史记》《三国志》《贞观政要》《资治通鉴》；属于子部的，如《道德经》《庄子》《孙子兵法》《鬼谷子》《世说新语》《颜氏家训》《容斋随笔》《本草纲目》《阅微草堂笔记》；属于集部的，如《楚辞》《唐诗三百首》《豪放词》《婉约词》《宋词三百首》《千家诗》《元曲三百首》《随园诗话》。这套书内容丰富，而分量适中。一个希望对中国优秀传统文化有所了解的人，读了这些书，一般说来，犯常识性错误的可能性就很小了。

崇文书局之所以出版这套国学经典普及文库，不只是为了普及国学常识，更重要的目的是，希望有助于国民素质的提高。在国学教育中，有一种倾向需要警惕，即把中国优秀的传统文化“博物馆化”。“博物馆化”是20世纪中叶美国学者列文森在《儒教中国及其现代命运》中提出的一个术语。列文森认为，中国传统文化在很多方面已经被博物馆化了。虽然中国传统的经典依然有人阅读，但这已不属于他们了。“不属于他们”的意思是说，这些东西没有生命力，在社会上没有起到提升我们生活品格的作用。很多人阅读古代经典，就像参观埃及文物一样。考古发掘出来的珍贵文物，和我们的生命没有多大的关系，和我们的生活没有多大关系，这就叫作博物馆化。“博物馆化”的国学经典是没有现实生命力的。要让国学经典恢复生命力，有效的方法是使之成为生活的一部分。崇文书局之所以强调普及，深意在此，期待读者在阅读这些经典时，努力用经典来指导自己的内外生活，努力做一个有高尚的人格境界的人。

国学经典的普及，既是当下国民教育的需要，也是中华民族健康发展的需要。章太炎曾指出，了解本民族文化的过程就是一个接受爱国主义教育的过程："仆以为民族主义如稼穑然，要以史籍所载人物制度、地理风俗之类为之灌溉，则蔚然以兴矣。不然，徒知主义之可贵，而不知民族之可爱，吾恐其渐就萎黄也。"(《答铁铮》)优秀的传统文化中，那些与维护民族的生存、发展和社会进步密切相关的思想、感情，构成了一个民族的核心价值观。我们经常表彰"中国的脊梁"，一个毋庸置疑的事实是，近代以前，"中国的脊梁"都是在传统的国学经典的熏陶下成长起来的。所以，读崇文书局的这一套国学经典普及读本，虽然不必正襟危坐，也不必总是花大块的时间，更不必像备考那样一字一句锱铢必较，但保持一种敬重的心态是完全必要的。

期待读者诸君喜欢这套书，期待读者诸君与这套书成为形影相随的朋友。

陈文新

（教育部长江学者特聘教授，武汉大学杰出教授）

前言

《贞观政要》是唐朝史学家吴兢编著的一部政论性专史。作者吴兢(670—749)生活在“贞观之治”以后的高宗、武后、玄宗年代，当时唐朝的政治虽然从总的来说还是沿着正常的轨道向前发展的，但也存在着不少隐忧：如皇族内部的争权夺利，承平之主的庸弱无能、奢靡纵逸，这些都不能不引起吴兢这样的有识之士的深思。作者难以忘情于“贞观之治”那个被封建史学家啧啧称道的时代。贞观年间，政治开明，君臣贤明，社会安定，民殷国强，作者认为那是封建帝王们应该极力效仿的一种统治模式，为了给当时和以后的皇帝、大臣们提供有益的借鉴，使他们在治国行政和为人处世时有所皈依，有所遵循，并力保李唐王朝的统治长治久安，作者从贞观年间浩如烟海的史实中，精心挑选了若干精彩生动的片段，辑录成书。

《贞观政要》共有十卷，分为四十篇，也就是四十类，二百五十八章，约八万字。书中主要记述了贞观年间唐太宗和魏征、房玄龄等四十五位大臣之间就治国施政等问题的讨论和问答，内容涉及政治、经济、军事、文化教育、道德修养、民族关系和灾祥畋猎等多个方面，题材广泛，内容丰富，细致生动，精心勾画出了贞观年间统治者决策运筹、执法行政的政治全景图，可以毫不夸张地说，它是一幅贞观年间政治上的《清明上河图》。

往事越千年，现在已进入了二十一世纪，“贞观之治”也已成为历史的陈迹，但是，当时统治者深入探讨、苦心摸索而得出的一些治国安民的经验教训，或许会对我们提供不可多得的启示和教益，这是我们重编此书的目的，希望我们的努力，不会使广大读者失望，书中的纰漏与失误，敬请大家指正。

contents

目录

君道第一

【题解】

《君道》是全书之首，论述为君之道。“社稷安危，国家治乱，在于一人而已”，作为人君，应正确处理君臣关系、君民关系，“君，舟也；人，水也。水能载舟，亦能覆舟”。作为人君，还应广泛听取来自不同方面的意见和建议，理解“兼听则明，偏信则暗”的真正内涵，懂得创业固然艰难，守业更为重要。吸取无道昏君隋炀帝的深刻教训，做一个有道明君而使国家安定兴盛。

【原文】

贞观初，太宗谓侍臣曰：“为君之道，必须先存百姓。若损百姓以奉其身，犹割股以啖[①]腹，腹饱而身毙。若安天下，必须先正其身，未有身正而影曲，上治而下乱者。朕每思伤其身者不在外物，皆由嗜欲以成其祸。若耽嗜滋味，玩悦声色，所欲既多，所损亦大，既妨政事，又扰生民。且复出一非理之言，万姓为之解体，怨讟[②]既作，离叛亦兴。朕每思此，不敢纵逸。”谏议大夫[③]魏征对曰：“古者圣哲之主，皆亦近取诸身，故能远体诸物。昔楚聘詹何[④]，问其治国之要，詹何对以修身之术。楚王又问治国何如，詹何曰：‘未闻身治而国乱者。’陛下所明，实同古义。”

【注释】

①啖(dàn):喂。

②讟(dú):痛怨。

③谏议大夫:唐代侍从皇帝、负责进谏的官员。

④楚:指楚庄王。詹何:春秋时的隐士。

【译文】

贞观初年,太宗对侍臣们说:“要想当好一位君王,必须首先抚养百姓。如果用损害百姓来供养自己,如同割自己大腿上的肉来填饱肚子一样,肚子饱了,自身就要死了。要想安定天下必须先端正自己。没有身正而影斜的,上面治理好了而下面混乱的。我经常想,伤害自己身体的不是外物,而是自身纵欲引起的。如果沉溺于酒食,醉心于声色,嗜欲越多,损失就越大,既妨碍政事,又侵扰百姓。如果再说出一些不符合事理的话来,百姓就会失望、离散,怨恨、毁谤也就因此而生,最终众叛亲离。我每想到这些,就不敢放纵自己。”谏议大夫魏征说:“古代圣明的君主,都是从加强自身修养开始,这样才能体察万事万物。过去

楚庄王聘用詹何，问他治国的根本是什么，詹何以加强自身修养来回答。楚庄王又问如何才能治理好国家，詹何说：'没有听说君王有好的修养而国家混乱的。'陛下所阐明的，和古代圣贤讲的是一致的。"

【原文】

贞观二年，太宗问魏征曰："何谓为明君暗君？"征曰："君之所以明者，兼听也；其所以暗者，偏信也。《诗》云：'先民有言，询于刍荛[①]。'昔唐、虞[②]之理，辟四门，明四目，达四聪。是以圣无不照，故共、鲧[③]之徒，不能塞也；靖言庸回[④]，不能惑也。秦二世则隐藏其身，捐隔疏贱而偏信赵高，及天下溃叛，不得闻也。梁武帝偏信朱异，而侯景举兵向阙[⑤]，竟不得知也。隋炀帝偏信虞世基，而诸贼[⑥]攻城剽邑，亦不得知也。是故人君兼听纳下，则贵臣不得壅蔽，而下情必得上通也。"太宗甚善其言。

【注释】

①刍(chú)荛(ráo)：刍是草，荛是柴，指割草砍柴的人。

②唐、虞：唐尧、虞舜，传说中的圣君。

③共(gōng)鲧(gǔn)：共工和鲧，传说是尧、舜时代的坏人。

④靖言庸回："靖"是静，"庸"就是用，"回"即违，意思是平时花言巧语，用起来却不行。

⑤阙：皇宫前面两边的楼台，这里指朝廷。

⑥贼：封建统治阶级对起义军的蔑称。

【译文】

贞观二年，太宗问魏征："怎样才能区分明君和昏君？"魏征回答说："明君之所以圣明，是因为能够听取各方面的意见；昏君之所以昏庸，是因为偏听偏信。《诗经》中说：'古代有这样的说法，要善于征求樵夫的意见。'过去唐尧、虞舜治理天下时，大开四方门路招纳贤才，广泛听取各方面的意见。所以这些圣明的君主无所不知，即使像共工、鲧这样的坏人也不能蒙蔽他们，花言巧语更不能使他们迷惑。秦二世隐居深宫，隔绝贤臣，疏远百姓，偏信赵高，到天下大乱、百姓叛离时，他还不知道。梁武帝偏信朱异，当侯景兴兵作乱举兵围攻都城时，他竟然还不清楚。隋炀帝偏信虞世基，当反对他的各路起义军攻陷城镇时，他也不知道。因此，作为君主如果能够广泛听取和采纳各方意见，那么即使权贵之臣也不能使他的视听受任何阻碍，而民情舆论可以迅速上达。"太宗很赞同魏征的话。

【原文】

贞观十年，太宗谓侍臣曰："帝王之业，草创与守成孰难？"尚书左仆射[1]房玄龄对曰："天地草昧[2]，群雄竞起，攻破乃降，战胜乃克。由此言之，草创为难。”魏征对曰：“帝王之起，必承衰乱，覆彼昏狡，百姓乐推，四海归命，天授人与，乃不为难。然既得之后，志趣骄逸，百姓欲静而徭役不休，百姓凋残而侈务不息，国之衰弊，恒由此起。以斯而言，守成则难。”太宗曰：“玄龄昔从我定天下，备尝艰苦，出万死而遇一生，所以见草创之难也。魏征与我安天下，虑生骄逸之端，必践危亡之地，所以见守成之难也。今草创之难既已往矣，守成之难者，当思与公等慎之。”

【注释】

①尚书左仆射(yè)：尚书省是唐代最高的行政机构，左、右仆射是尚书省的长官，是尚书令的副手。

②草昧：原始愚昧，这里指国家初创秩序未定的局面。

【译文】

贞观十年，太宗问侍臣们说：“帝王之大业，创业与守业哪一个更难？”尚书左仆射房玄龄说：“天下混乱之际，群雄争相竞起，败者成为阶下囚，胜者据有天下。所以说，创业艰难。”魏征回答说：“帝王的兴起，一定是在前朝衰乱的时候，推翻旧的昏庸统治，百姓高兴，乐于拥戴，四海之内都会归顺，这是上天授与的使命，因此创业并不是最艰难的。然而夺取天下后，骄傲放纵，百姓要休养生息而徭役不断，百姓生产凋敝，生活穷困，可繁重的事务接踵而至，国家的衰亡，常常就是这样开始的。所以守业则是更难的。”太宗说：“房玄龄过去跟随我平定天下,吃尽了苦头,真是万死而一生,所以看到了开创基业的艰难。魏征和我治理天下,思考产生骄逸的根源,分析国家覆亡的原因,所以看到了守业的艰难。今天草创之难已过去,守业之难,应当是我与你们大家需要共同慎重考虑的问题。”

【原文】

贞观十五年,太宗谓侍臣曰:“守天下难易?”侍中[1]魏征对曰:“甚难。”太宗曰:“任贤能,受谏诤,即可。何谓为难?”征曰:“观自古帝王,在于忧危之间,则任贤受谏。及至安乐,必怀宽怠,言事者惟令兢惧,日陵月替,以至危亡。圣人所以居安思危,正为此也。安而能惧,岂不为难?”

【注释】

①侍中:门下省是唐朝三省之一,侍中是门下省的长官,掌出纳帝命。

【译文】

贞观十五年,太宗对侍臣们说:“守天下是难还是易?”侍中魏征回答说:“十分难。”太宗说:“任用贤能之士,接纳诤谏之言,就可以了,为什么说难呢?”魏征说:“纵观自古以来的帝王,处在忧患为难之时,则能任贤纳谏。到了安乐之时,思想宽缓懈怠,劝谏者谨慎小心,惟恐冒犯龙颜,一天天衰败废弃,导致危亡。圣人之所以居安思危,正是基于此,安居又要做到时时警戒,难道这还不难吗?”

政体第二

【题解】

《政体》部分的文章进一步论述君主为政之道，作为一个想有所建树的君主，必须不骄傲自满，要询谋于众，不断学习。政府各个部门之间以及各级官员之间应“灭私徇公，坚守直道”，而不要“苟避私隙，相惜颜面”。对于君主背离实际的决策，要敢于谏诤，决不能“阿旨顺情，唯唯苟过”。

【原文】

贞观初，太宗谓萧瑀[①]曰：“朕少好弓矢，自谓能尽其妙。近得良弓十数，以示弓工。乃曰：‘皆非良材也。’朕问其故，工曰：‘木心不正，则脉理皆邪，弓虽刚劲而遣箭不直，非良弓也。’朕始悟焉。朕以弧矢定四方，用弓多矣，而犹不得其理[②]。况朕有天下之日浅，得为理之意，固未及于弓，弓犹失之，而况于理[③]乎？”自是诏京官五品[④]以上，更[⑤]宿中书内省[⑥]，每召见，皆赐坐与语，询访外事，务知百姓利害、政教得失焉。

【注释】

①萧瑀：唐初名臣，历任光禄大夫、内史令、太子少师、御史大夫、太子少傅等职。

②理：规律。

③理：治国之道。

④五品：唐代官员分为九品，五品以上是高级官员。

⑤更：调换，交替。

⑥中书内省：中书省是唐代三省之一，草拟、颁发皇帝的制策诏令，因其衙门设在皇城里，故称内省。

【译文】

贞观初年，太宗对萧瑀说："我从小就喜欢弓箭，自认为能领悟其中奥妙。近来得到十几张良弓，让弓匠们来观看，他们却说：'这都不是用好材料制成的。'我问为什么这样说，弓匠们回答：'箭杆木料的中心线不直，它的脉络纹理都歪斜，弓本身虽刚劲有力，但射出的箭不直，所以说不是好弓。'我才有所领悟。我以武力平定天下，用过很多弓箭，但仍然不懂得箭的奥妙，何况我得天下的时间不长，掌握领会治政的规律远不如对弓箭的了解。对弓箭的了解都有所失误，更何况对治国之道的掌握呢？"从此以

后，太宗诏命在京城五品以上的官员，轮流在中书内省值宿，每当召见，太宗都赐坐交谈，询问收集外面的情况，力求知道百姓欢迎什么，憎恶什么，以及国家在治理方面的得与失。

【原文】

贞观元年，太宗谓黄门侍郎[①]王珪[②]曰："中书所出诏敕，颇有意见不同，或兼错失而相正以否。元置中书、门下，本拟相防过误。人之意见，每或不同，有所是非，本为公事。或有护己之短，忌闻其失，有是有非，衔以为怨。或有苟避私隙，相惜颜面，知非政事，遂即施行。难违一官之小情，顿为万人[③]之大弊。此实亡国之政，卿辈特须在意防也。隋日内外庶官，政以依违，而致祸乱，人多不能深思此理。当时皆谓祸不及身，面从背言，不以为患。后至大乱一起，家国俱丧，虽有脱身之人，纵不遭刑戮，皆辛苦仅免，甚为时论所贬黜。卿等特须灭私徇[④]公，坚守直道，庶事相启沃，勿上下雷同也。"

【注释】

①黄门侍郎：门下省的副长官，职掌祭祀、赞献、奏天下祥瑞。

②王珪：太原祁县人，字叔玠，历任太子中允、谏议大夫、黄门侍郎等职。

③人：民，作者为避太宗李世民讳，故改为"人"。

④徇（xùn）：依从。

【译文】

贞观元年，太宗对黄门侍郎王珪说："中书省所拟定的文告命令，门下省有不同的看法，有时还发现有错误，遇到这种情况，你们互相之间议论过吗？设置中书省、门下省，原本就有互相监督，防止产生过失的意思。对同一问题，人们常有不同的看法，这些看法有对的也有错的，但不管是对还是错，都是为了国事。有的人护着自己的短处，忌讳别人指出他的过失，人家有所是非，就阴在心里怨恨；有的为了避免和人家搞坏关系，互相顾惜情面，明明知道不利于朝政，仍然付诸实施。这样碍于一人的小小情面，却不惜成为万民的大害，实在是亡国之政，你们要特别留意防范。隋朝内外众官，因执行政令不一，而导致祸乱，许多人都不能深刻领会这一道理。当时那些人都认为灾祸不会降到自己头上，阳奉阴违，不以为然。后来大乱一起，家与国俱丧，虽然也有逃脱厄运的，即使没有遭到杀戮，也都吃尽了苦头才免一死，而且还遭到了当时舆论的谴责。你们必须灭私为公，坚守正道，凡事互相启发帮助，不要上下一个腔调。"

【原文】

贞观二年，太宗问黄门侍郎王珪曰："近代君臣治国，多劣于前古，何也？"对曰："古之帝王为政，皆志尚清静，以百姓之心为心。近代则唯损百姓以适其欲，所任用大臣，复非经术之士。汉家宰相，无不精通一经，朝廷若有疑事，皆引经决定，由是人识礼教，治致太平。近代重武轻儒，或参以法律，儒行既亏，淳风大坏。"太宗深然其言。自此百官中有学业优长，

兼识政体者，多进其阶品，累加迁擢焉。

【译文】

贞观二年，太宗问王珪："近代君臣治国，多数不如前古的贤人，为什么呢？"王珪回答说："古代帝王治理国家，都崇尚清静无为，想百姓之所想。近代的帝王则一味地损害百姓来满足个人的私欲，所任用的大臣，又都不是精通治理国家的人士。汉代的宰相，没有不精通儒家一种经典的，朝廷如有疑惑之处，皆引用儒家经典来决定，大家都懂得礼仪教化，因此国家得到了治理，天下太平。近代却崇尚武功而轻视儒学，有时还以法令条文参杂其中，儒家的传统已经丧失，淳朴的风尚已被严重破坏。"太宗十分赞赏他的话。从此百官中如有学识渊博和具有专门特长，并且懂得治理朝政者，多数都晋升了官阶品级，被不断地提拔和任用。

【原文】

贞观三年，太宗谓侍臣曰："中书、门下，机要之司，擢才而居，委任实重。诏敕如有不稳便，皆须执论。比来惟觉阿旨顺情，唯唯苟过，遂无一言谏诤者，岂是道理？若惟署诏敕、行文书而已，人谁不堪？何烦简[1]择，以相委付？自今诏敕疑有不稳便，必须执言，无得妄有畏惧，知而寝[2]默。"

【注释】

①简：简选，选拔人才。

②寝：停止。

【译文】

贞观三年，太宗对侍臣们说："中书省、门下省，是国家机要部门，要选拔有才能的人担当此职，肩负重任。诏命敕令中若有不稳妥的，都应发表看法，提出异议。近来觉得身旁只有阿谀顺从、敷衍应付、唯唯称是之词，而没有一句诤诤劝谏的话，难道这符合常理吗？如果只是制定诏令，例行公文而已，有谁不能胜任呢？何必一再地简拔选择，以此而付与众人？从今日起，认为诏令有不妥当的地方，必须直言上谏，不要无端地害怕畏惧，明知而隐瞒不讲。"

【原文】

贞观四年，太宗问萧瑀曰："隋文帝何如主也？"对曰："克己复礼，勤劳思政，每一坐朝，或至日昃[1]，五品已上，引坐论事，宿卫之士，传飧[2]而食，虽性非仁明，亦是励精之主。"太宗曰："公知其一，未知其二。此人性至察而心不明。夫心暗则照有不通，至察则多疑于物。又欺孤儿寡妇[3]以得天下，恒恐群臣内怀不服，不肯信任百司，每事皆自决断，虽则劳神苦形，未能尽合于理。朝臣既知其意，亦不敢直言，宰相以下，惟即承顺而已。朕意则不然，以天下之广，四海之众，千端万绪，须合变通，皆委百司商量，宰相筹画，于事稳便，方可奏行。岂得以一日万机，独断一人之虑也。且日断十事，五条不中[4]，中者信[5]善，其如不中者何？以日继月，乃至累年，乖谬既多，不亡何待？岂如广任贤良，高居深视，法令严肃，谁敢为非？”因令诸司，若诏敕颁下有未稳便者，必须执奏，不得顺旨便即施行，务尽臣下之意。

【注释】

①昃(zè)：太阳偏西。

②飧(sūn)：晚饭。

③孤儿寡妇：隋文帝受禅之时，周宣帝已死，隋文帝从周宣帝的皇后和年幼的周静帝手中夺取天下。

④中(zhòng)：符合，适合。

⑤信：实在，的确。

【译文】

贞观四年，太宗问萧瑀：“隋文帝是怎样的一位君王？”萧瑀回答说：“隋文帝能克制和消除私欲，兴复周礼，辛勤治理国家，每日上朝听政，往往忙到日落，召见五品以上的官员，让他们入座，和他们一道

交谈国政，命令禁卫兵将饭菜端入宫中用餐，虽然称不上仁德与英明，也可说是励精图治的君主。”太宗说：“你只知其一，不知其二。此人性格十分精细，而心里却不明彻通达。头脑昏暗就不会通明，精细则对各种人和事就多疑，更何况是欺孤儿寡母而得的天下，所以他始终担心群臣内心不服，不敢相信任用百官，每件事均亲自决断，虽然劳心费神，竭尽全力，也无法做到完全符合事理。朝中大臣都知道他的想法和用意，所以没人敢直言上谏，宰相以下的官员只是接受旨意而已。我的想法却不是如此，因为天下这样大，四海之民这样多，诸事千头万绪，皆须迎合变通，交于百官商量权衡，再交宰相统筹策划，觉得稳妥的话，才可上奏实行。怎能日理万机，由一人决断呢？况且如果每天处理十件事，可能就有五条不符合事理，能够有一半符合就很不错了，而那些不符合事理的该如何处置呢？这样日积月累，谬误的东西越来越多，等待我们的不是灭亡还是什么呢？如果广泛地任用贤良，君主一心高瞻远瞩，严明法令，谁敢为非作歹呢？”因此太宗命令各级官吏，如果诏令下达后发现有不妥的，必须回报上奏，不能为顺应旨意而盲目地施行，务必尽臣下之责。

【原文】

贞观五年，太宗谓侍臣曰："治国与养病无异也。病人觉愈，弥①须将护，若有触犯，必至殒命。治国亦然。天下稍安，尤须兢慎，若便骄逸，必至丧败。今天下安危，系之于朕，故日慎一日，虽休勿休②。然耳目股肱③，寄于卿辈，既义均一体，宜协力同心，事有不安，可极言无隐。傥君臣相疑，不能备尽肝膈，实为国之大害也。"

【注释】

①弥：更加。

②休：美善。

③股肱（gōng）：股指大腿，肱指胳膊由肘到肩的部分，"股肱"喻指得力助手。

【译文】

贞观五年，太宗对侍臣们说："治国与养病的道理是一样的。病人感到好一点的时候，必须更加予以养护，如果疾病重犯复发，一定会导致生命危险。治国也一样，天下刚刚安定，更需要兢兢业业，小心谨慎，若就此而骄奢淫逸起来，必然导致国家的危亡。如今天下的安危，责任都落在我身上，所以我一天比一天谨慎，即使做好了也不能自夸。你们这些大臣，如同我的手足耳目，既然君臣已融为一体，就应当齐心协力，发现事情有做得不妥当的，应毫无保留地直言。假如君臣之间互相猜忌，不能肝胆相照，将成为治国最大的隐患。"

【原文】

贞观六年，太宗谓侍臣曰："看古之帝王，有兴有衰，犹朝之有暮，皆为蔽其耳目，不知时政得失，忠正者不言，邪谄者日进，既不见过，所以至于灭亡。朕既在九重，不能尽见天下事，故布之卿等，以为朕之耳目。莫以天下无事，四海安宁，便不存意。可爱非君，可畏非民。天子者，有道则人推而为主，无道则人弃而不用，诚可畏也。"魏征对曰："自古失国之主，皆为居安忘危，处治忘乱，所以不能长久。今陛下富有四海，内外清晏，能留心治道，常临深履薄，国家历数，自然灵长。臣又闻古语云：'君，舟也；人，水也。水能载舟，亦能覆舟。'陛下以为可畏，诚如圣旨。"

【译文】

贞观六年，太宗对侍臣们说："察看古代帝王的统治，有兴也有衰，好像有了早晨必有傍晚一样，衰败者皆因遮蔽了自己的耳目，不了解当时治理国政的得与失，忠诚正直的人不敢直言劝谏，邪恶谄媚的人一天天得势，君主听不到自己的过失，所以导致最后的灭亡。我深居皇宫，不能完全了解天下事，所以以你们为我的耳目。不要因为天下无事，四海安宁，就不留意。受人敬爱的是君主，使人敬畏的是百姓。天子如果有道，百姓就会拥戴他；如果无道就会弃而不用，这的确是十分可怕的。"魏征答道："自古以来，亡国之君，都是因为居安忘危，身居太平之时而忘记了动乱，所以统治不能长久。现在陛下拥有四海，内外清平安定，还能尽心于治理国政，经常保持如临深渊、如履薄冰的畏惧感，国运自然会昌盛不衰。臣曾听古人讲：'君主如同舟，百姓好像水。水既能载舟也能使舟倾覆。'陛下认为百姓的力量可畏，确实讲得很对。"

【原文】

贞观六年，太宗谓侍臣曰："古人云：'危而不持，颠而不扶，焉用彼相？'君臣之义，得不尽忠匡救乎？朕尝读书，见桀杀关龙逄[1]，汉诛晁错[2]，未尝不废书叹息。公等但能正词直谏，裨益政教，终不以犯颜忤旨，妄有诛责。朕比来临朝断决，亦有乖[3]于律令者。公等以为小事，遂不执言。凡大事皆起于小事，小事不论，大事又将不可救，社稷倾危，莫不由此。隋主残暴，身死匹夫之手，率土苍生，罕闻嗟痛。公等为朕思隋氏灭亡之事，朕为公等思龙逄、晁错之诛，君臣保全，岂不美哉！"

【注释】

①关龙逄:夏朝的贤臣,因劝谏夏桀被杀。

②晁错:汉景帝时为御史大夫,因劝景帝削藩,吴、楚七国遂反,袁盎请求斩杀晁错,景帝下令斩晁错于东市。

③乖:违背,不协调。

【译文】

贞观六年,太宗对侍臣们说:"古人道:'国家在危急之时不去支持,社稷颠覆之时不能扶助,怎么可以任用如此大臣呢?'君臣之间既然是有道义的,当君主危难之时,臣下能不尽忠而挽救国运吗?我常读书,每当看到夏桀处死关龙逄、汉景帝杀掉晁错时,未尝不掩书而叹。你们只要能义正辞严直言劝谏,匡扶朝政,我绝不会以冒犯龙颜、违背旨意而责罚你们。近来我上朝断决,有违背法令的情况,你们却认为是小事,就不发表意见或者据理力争。凡大事都起源于小事,小事不过问,发生了大是大非就将不可挽回,国家的危亡,莫不由此而起。隋炀帝残暴,死于匹夫之手,天下芸芸众生,少有为他痛惜的。你们为我总结一下隋朝灭亡的原因,我为你们想想关龙逄、晁错被杀的教训,君臣之间互相保全,难道不是好事吗!"

【原文】

贞观九年,太宗谓侍臣曰:"往昔初平京师,宫中美女珍玩无院不满。炀帝意犹不足,征求无已,兼东西征讨,穷兵黩武,百姓不堪,遂致亡灭。此皆朕所目见,故夙夜[①]孜孜,惟欲清净,使天下无事。遂得徭役不兴,年谷丰稔,百姓安乐。夫治国犹如栽树，本[②]根不摇，则枝叶茂荣。君能清净，百姓何得不安乐乎？”

【注释】

①夙夜：夙是早晨，夙夜指早晚。

②本：草木的根或茎干。

【译文】

贞观九年，太宗对侍臣们说：“以前在刚刚平定隋都长安时，宫中美女珍宝无院不满。隋炀帝仍不满足，横征暴敛搜求不止，加上东征西讨，穷兵黩武，百姓不堪忍受，终于导致灭亡。这些都是我亲眼看到的，鉴于此，我日夜孜孜不倦，只想使国家得以治理，天下安宁。因而徭役不兴，连年丰收，百姓安乐。治国如同栽树，树干根部稳固，那么就会枝繁叶茂。君主清心寡欲，百姓又怎能不安乐呢？”

【原文】

贞观十六年，太宗谓侍臣曰：“或君乱于上，臣治于下；或臣乱于下，君治于上。二者苟逢，何者为甚？”特进魏征对曰：“君心治，则照见下非。诛一劝百，谁敢不畏威尽力？若昏暴于上，忠谏不从，虽百里奚[①]、伍子胥[②]之在虞、吴，不救其祸，败亡亦继。”太宗曰：“必如此，齐文宣[③]昏暴，杨遵彦[④]以正道扶之得治，何也？”征曰：“遵彦弥缝暴主，救治苍生，才得免乱，亦甚危苦。与人主严明，臣下畏法，直言正谏，皆见信用，不可同年而语也。”

【注释】

①百里奚：春秋时虞国的贤臣。晋国向虞国借道攻打虢国，并想趁机占领虞国，虞国君主不听百里奚的劝谏，百里奚就离开虞国前往秦国，后来虞国果真被晋国所灭。

②伍子胥：春秋时吴国的贤大夫。吴王夫差打败越国，越国请求讲和，伍子胥极力劝谏吴王，吴王不听，吴、越议和，吴王将伍子胥赐死。后来吴国被越王勾践所灭。

③齐文宣：指北齐文宣帝高洋。

④杨遵彦：北齐大臣，助文宣帝高洋稳定政局。

【译文】

贞观十六年，太宗问侍臣们说："或者君乱于上，而臣治理于下；或者臣乱于下，而君主治理于上。这两种情况相比，哪一个更危险呢？"特进魏征回答说："君王心里清净，全力治理国家，就能洞察到臣下的过失。杀一儆百，有谁敢不害怕君威而不尽力呢？若昏君暴虐于上，不听忠臣劝谏，即使有像虞国的百里奚、吴国的伍子胥那样的贤臣，也不能挽救其灾祸，灭亡的结局也会随之而来。"太宗说："照此说来，那么北齐文宣帝昏暴，而其大臣杨遵彦以正道匡辅他，北齐因而得到治理，这又是什么原因呢？"魏征答道："杨遵彦弥补掩饰暴君的过错，整顿朝纲，治理天下，拯救百姓，才得以免除祸乱，但也是相当危难艰苦的。这与君主法令严明，臣下自觉守法，直言进谏，君臣之间互相信用，是不能同日而语的。"

任贤第三

【题解】

《任贤》篇阐述任人唯贤的理念，分别介绍了唐太宗最为信任的八贤：房玄龄、杜如晦、魏征、王珪、李靖、虞世南、李勣、马周。他们有的是秦王府的故旧，有的是来自敌对阵营的谋臣；有的生于将相之家，有的出身低微；有文有武，职位有低有高，从政有长有短，但共同点都是贞观功臣。他们都用自己全副的看家本领，各尽所能，各展所长，为"贞观之治"那个时代作出过重要贡献。他们之所以能够在那个时代的大舞台上尽情表演，与唐太宗对他们的无比信任是分不开的。唐太宗一再强调"为政之要，惟在得人"，"致安之本，惟在得人"。"贞观之治"，在某种意义上讲，就是任贤致治。

【原文】

房玄龄，齐州临淄人也。初仕隋，为隰城尉①。坐事除名，徙上郡。太宗徇②地渭北，玄龄杖策谒于军门。太宗一见，便如旧识，署渭北道行军记室参军③。玄龄既遇知己，遂罄竭心力。

是时，贼寇每平，众人竞求金宝，玄龄独先收人物，致之幕府，及有谋臣猛将，与之潜相申结，各致死力。累授秦王府记室，兼陕东道大行台考功郎中[4]。玄龄在秦府十余年，恒典管记。隐太子、巢刺王[5]以玄龄及杜如晦[6]为太宗所亲礼，甚恶之，谮之高祖，由是与如晦并遭驱斥。及隐太子将有变也，太宗召玄龄、如晦，令衣道士服，潜引入阁谋议。及事平，太宗入春宫[7]，擢拜太子左庶子[8]。贞观元年，迁中书令。三年，拜尚书左仆射，监修国史，封梁国公，实封一千三百户。既总任百司，虔恭夙夜，尽心竭节，不欲一物失所。闻人有善，若己有之。明达吏事，饰以文学，审定法令，意在宽平。不以求备取人，不以己长格物，随能收叙，无隔疏贱。论者称为良相焉。十三年，加太子少师。玄龄自以一居端揆[9]十有五年，频抗表辞位，优诏不许。十六年，进拜司空[10]，仍总朝政，依旧监修国史。玄龄复以年老请致仕，太宗遣使谓曰："国家久相任使，一朝忽无良相，如失两手。公若筋力不衰，无烦此让。自知衰谢，当更奏闻。"玄龄遂止。太宗又尝追思王业之艰难，佐命之匡弼，乃作《威凤赋》以自喻，因赐玄龄，其见称类如此。

【注释】

①隰(xí)城尉：隰城，唐县名，隶属河东。尉是唐代官名，辅佐县令。

②徇：巡行。

③行军记室参军：唐代官名，掌管军府公文。

④大行台考功郎中：唐官名，掌管百官功过善恶。

⑤隐太子、巢剌王：隐太子指唐高祖被废的太子李建成。巢剌王指被废的齐王李元吉。

⑥杜如晦：唐代名臣，历任太子右庶子、兵部尚书、尚书右仆射等职。

⑦春宫：即东宫，指太子居住的宫殿。

⑧太子左庶子：唐官名，掌管侍从、赞相礼仪、驳正启奏。

⑨端揆：相位。

⑩司空：唐代官名，与太尉、司徒并称三公，辅佐皇帝理阴阳，平邦国，无所不统。

【译文】

房玄龄是齐州临淄人，曾在隋朝做官，任隰城县尉，因犯法而被除名，后迁移到上郡。太宗巡视渭水北岸一带，房玄龄持策在军门前等候。太宗一见如故，封他为渭北道行军记室参军。房玄龄遇到了知己的皇帝，便竭尽心力为朝廷服务。那时，每次平定贼寇，众人都竞相搜取金银财宝，唯独房玄龄首先收揽有才之士，把他们招致幕府，并与他们中的一些谋臣猛将暗中真诚交往，使这些人能拼死为其效命。后来，房玄龄又被任命为秦

王府记室，兼任陕东道大行台考功郎中。玄龄在秦府十八年，长时间掌管文牍档案。李建成、李元吉等因为玄龄和杜如晦都是太宗亲近礼遇之人，十分憎恶他们，于是向高祖进谗言，结果房玄龄和杜如晦都遭到皇帝的排斥和驱逐。到李建成将要发动政变时，太宗命玄龄、如晦穿上道士服装，秘密进入秦府共同谋议。政变平息后，太宗以皇太子的身份入主东宫，并提拔玄龄为太子左庶子。贞观元年，升为中书令。贞观三年，再升为尚书左仆射并兼修国史，封为梁国公，实封食邑一千三百户。玄龄身任宰相总管朝廷各个部门，日夜虔诚恭敬，尽心尽职，不愿一物失其所。他听到别人有善行，如同自己行善一样，对各级官府之事精通干练，并加强文学修养，审定各种法令条律，宗旨是宽松持平。他不以求全的态度取人，不用自己的优点去挑剔他人，根据人的才能录用，不以关系亲疏、出身贵贱而论。因此舆论称他为良相。贞观十三年，加封太子少师。玄龄因为自己居相位已经十五年，所以屡次向皇帝上奏想辞掉官位，太宗下达了褒美嘉奖的诏书，却没有答应玄龄的请求。贞观十六年，玄龄进封司空之职，仍然总理朝政，依旧监修国史，并再次以年老的理由请求辞官回家，太宗派使臣对玄龄讲："国家长时间的任用你，有一天突然没有了良相，如同失去两手一样。你若身体还未衰老，不要辞职让位。在自知身体确实不能胜任时，当再上奏。"玄龄于是停止了辞官的请求。太宗又时常追忆当年创立帝业的艰难和辅佑帝王的功臣，因此作《威凤赋》来表达自己的想法，并将此赐给房玄龄，足见其被重视的程度。

【原文】

魏征，巨鹿人也。近徙家相州之内黄。武德末，为太子洗马[①]。见太宗与隐太子阴相倾夺，每劝建成早为之谋。太宗既诛隐太子，召征责之曰："汝离间我兄弟，何也？"众皆为之危惧。征慷慨自若，从容对曰："皇太子若从臣言，必无今日之祸。"太宗为之敛容，厚加礼异，擢拜谏议大夫。数引之卧内，访以政术。征雅[2]有经国之才，性又抗直，无所屈挠。太宗每与之言，未尝不悦。征亦喜逢知己之主，竭其力用。又劳[3]之曰："卿所谏前后二百余事，皆称朕意。非卿忠诚奉国，何能若是！"三年，累迁秘书监，参预朝政，深谋远算，多所弘益。太宗尝谓曰："卿罪重于中钩，我任卿逾于管仲[4]，近代君臣相得，宁有似我于卿者乎？"六年，太宗幸九成宫，宴近臣，长孙无忌[5]曰："王珪、魏征，往事息隐，臣见之若仇，不谓今者又同此宴。"太宗曰："魏征往者实我所仇，但其尽心所事，有足嘉者。朕能擢而用之，何惭古烈？征每犯颜切谏，不许我为非，我所以重之也。"征再拜曰："陛下导臣使言，臣所以敢言。若陛下不受臣言，臣亦何敢犯龙鳞，触忌讳也！"太宗大悦，各赐钱十五万。七年，代王珪为侍中，累封郑国公。寻以疾乞辞所职，请为散官。太宗曰："朕拔卿于仇虏之中，任卿以枢要之职，见朕之非，未尝不谏。公独不见金之在矿，何足贵哉？良冶锻而为器，便为人所宝。朕方自比于金，以卿为良工。虽有疾，未为衰老，岂得便尔耶？"征乃止。后复

固辞，听解侍中，授以特进[6]，仍知门下省事。十二年，太宗以诞皇孙，诏宴公卿。帝极欢，谓侍臣曰："贞观以前，从我平定天下，周旋艰险，玄龄之功无所与让。贞观之后，尽心于我，献纳忠谠，安国利人，成我今日功业，为天下所称者，惟魏征而已。古之名臣，何以加也。"于是亲解佩刀以赐二人。庶人承乾[7]在春宫，不修德业；魏王泰[8]宠爱日隆，内外庶寮[9]，咸有疑议。太宗闻而恶之，谓侍臣曰："当今朝臣，忠謇无如魏征，我遣傅皇太子，用绝天下之望。"十七年，遂授太子太师，知门下事如故。征自陈有疾，太宗谓曰："太子宗社之本，须有师傅，故选中正，以为辅弼。知公疹病，可卧护之。"征乃就职。寻遇疾。征宅内先无正堂，太宗时欲营小殿，乃辍其材为造，五日而就。遣中使赐以布被素褥，遂其所尚。后数日，薨[10]。太宗亲临恸哭，赠司空，谥曰文贞。太宗亲为制碑文，复自书于石。特赐其家食实封九百户。太宗后尝谓侍臣曰："夫以铜为镜，可以正衣冠；以古为镜，可以知兴替；以人为镜，可以明得失。朕常保此三镜，以防己过。今魏征殂逝，遂亡一镜矣！"因泣下久之。乃诏曰："昔惟魏征，每显予过。自其逝也，虽过莫彰。朕岂独有非于往时，而皆是于兹日？故亦庶寮苟顺，难触龙鳞者欤！所以虚己外求，披迷内省。言而不用，朕所甘心；用而不言，谁之责也？自斯已后，各悉乃诚。若有是非，直言无隐。"

【注释】

①太子洗马：唐代官名，掌管经史子集四库图籍刊辑之事，凡天下的图书上东宫者，皆受而藏之。

②雅：十分，非常。

③劳：安慰鼓励。

④管仲：春秋时齐国的名相。管仲原先帮助齐桓公的政敌公子纠，当齐桓公和公子纠争夺君位时，管仲射中了齐桓公的带钩。公子纠失败，齐桓公不计前仇，重用管仲。管仲辅佐齐桓公成就了霸业。

⑤长孙无忌：太宗长孙皇后之兄，帮助太宗发动玄武门之变，因功而任宰相。

⑥特进：二品散官。

⑦庶人承乾：太宗的太子李承乾，因罪被废为庶人。庶人即平民百姓。

⑧魏王泰：太宗第四子李泰，封魏王，后阴谋争当太子，未成被贬。

⑨寮：通“僚”，同官为僚。
⑩薨(hōng)：古代称诸侯王或有爵位的大官的死。

【译文】

魏征是巨鹿人，后全家迁徙到相州内黄县。唐高祖武德末年，任太子洗马。他看到太宗与李建成暗中倾轧争夺，经常劝建成早谋良策除掉对手。太宗杀了建成后，召见魏征并指责说：“你为什么要离间我们兄弟？”此时众人都为他担心。魏征却慷慨自若，从容地回答道：“皇太子如果听从了我的话，一定不会有今日的下场。”太宗一听为之正色，特别厚待魏征，并封他为谏议大夫。屡次引他进入内室，询问有关治理朝政的途径和方法。魏征素有治国之才，性格又坦率耿直，没有屈服低头的时候。太宗每次和他谈话，也从没有不高兴的。魏征也乐意侍奉待自己如知己一般的君主，竭尽心力为他效劳。有一次太宗慰劳他说：“你前前后后进谏的二百多件事，都称我意。不是你忠诚为国，怎能如此！”贞观三年，魏征被升任秘书监，参与朝政，他的深谋远虑，对国家多所补益。太宗曾经对他讲：“你的罪过比当年管仲射中齐桓公的带钩还要严重，而我对你的信任却超过了齐桓公对管仲的信任，近代君臣之间彼此情投意合，还有谁能像你我这样的？”贞观六年，太宗住在九成宫，摆宴招待近臣，长孙无忌说：“王珪、魏征，以前为李建成效命，我看到他们如见仇人一样，没想到今天又同他们一同欢宴。”太宗解释说：“魏征过去确实是我们的仇人，但他能够尽心于自己的职责，这是很值得称道的。我能提拔任用他，对列祖列宗有何愧色？魏征每次犯颜进谏，不允许我干坏事，我因此而器重他。”魏征向太宗再拜说：“陛下引导臣提意见，臣才敢提意见。如果陛下不接受臣下的谏言，臣下怎么敢冒犯龙颜，触其所忌呢！”太宗非常高兴，各赏赐十五万钱。贞观七年，魏征替代王珪为侍中，进封郑国公。不久因病请求辞去现职，当名散官。太宗说："我在仇敌之中选拔了你，让你担任机要之职，看到我的不对之处，从没有不劝谏的。你难道看不到，金子埋在矿石里又有什么珍贵的呢？但这些金子被良工冶炼锻造后成为器具，便成为人们所重视的珍品。我刚才自比金子，把你看作良工。你虽然有病，但尚未衰老，怎么能马上辞职呢？"魏征不再请求，后来再次要求辞职，太宗同意了他的请求，解除了他侍中之职，仍授以特进，主管门下省事。贞观十二年，因为皇孙诞生，太宗下诏宴请公卿大臣。太宗十分高兴，对侍臣们讲："贞观以前，跟随我平定天下，在艰难之中周旋，房玄龄的功劳无人能比。贞观以后，为我尽心，进献忠言，安国利民，成就我今天大业，为天下所称道的，只有魏征。古之名臣怎么能比得上。"于是亲自解下佩刀赏赐他们二人。后被废为庶人的太宗长子李承乾曾住在东宫，道德学业不修；魏王李泰越来越受到宠爱，内外百官对李承乾是否还能做太子都表示怀疑。太宗听说后十分烦恼，对侍臣们说："当今朝廷大臣，忠贞没有能比得上魏征的，我任他为皇太子的师傅，以此来消除天下人的埋怨。"贞观十七年，授魏征以太子太师之职，仍旧主管门下省。魏征因有病而向太宗说明自己不能胜任，太宗对他讲："太子是宗庙社稷的根本，必须有老师引导，所以选派你这样中正之人为他的师傅。知道你有病在身，所以你可躺着教导他。"魏征这才就职。不久，又染上疾病，他家原先没有正堂，于是太宗让出当时想造小宫殿的材料为魏征建造正堂，五天即成，并派遣太监赐给魏征布被素褥，迎合魏征平日的喜好。几天后，魏征去世。太宗亲自祭奠，赴灵堂放声痛哭，追赠魏征为司空，谥为文贞。太宗为其撰写碑文，还亲自写于石碑上，另外赏赐其家食邑九百户。太宗后来曾对侍臣们说："以铜为镜，可以正衣冠；以历史为镜，可以了解各个朝代的兴衰；以人为镜，可以明了好坏是非。我经常保有这三面镜子，以便防止自己犯错误，如今魏征去世，我失去了一面镜子！”为此，太宗长时间哭泣，并下诏说：“过去只有魏征经常指出我的过错。自从他去世后，即使有过也没人指明。我难道仅仅只在过去犯错而现在都对吗？只是各位臣僚苟且迎合，不愿犯颜罢了。所以我再次虚心征求意见，剖析疑惑，内自反省。你们直言没有采用，是我的责任；若被任用而不直言，是谁的责任呢？从此以后，希望你们各自竭尽诚心，若有看法，直言无隐。”

【原文】

虞世南，会稽[1]余姚人也。贞观初，太宗引为上客，因开文馆，馆中号为多士，咸推世南为文学之宗。授以记室，与房玄龄对掌文翰。尝命写《列女传》以装屏风，于时无本，世南暗书之，一无遗失。贞观七年，累迁秘书监。太宗每机务之隙，引之谈论，共观经史。世南虽容貌懦弱，如不胜衣，而志性抗烈，每论及古

先帝王为政得失，必存规讽，多所补益。及高祖晏驾[②]，太宗执丧过礼，哀容毁悴，久替万机，文武百寮，计无所出，世南每入进谏，太宗甚嘉纳之，益所亲礼。尝谓侍臣曰："朕因暇日，每与虞世南商榷古今。朕有一言之善，世南未尝不悦；有一言之失，未尝不怅恨。其恳诚若此，朕用嘉焉。群臣皆若世南，天下何忧不治？"太宗尝称世南有五绝：一曰德行，二曰忠直，三曰博学，四曰词藻，五曰书翰。及卒，太宗举哀于别次，哭之甚恸。丧事官给，仍赐以东园秘器[③]，赠礼部尚书[④]，谥曰文懿。太宗手敕魏王泰曰："虞世南于我，犹一体也。拾遗补阙，无日暂忘，实当代名臣，人伦准的。吾有小善，必将顺而成之；吾有小失，必犯颜而谏之。今其云亡，石渠、东观[⑤]之中，无复人矣，痛惜岂可言耶！"未几，太宗为诗一篇，追思往古理乱之道，既而叹曰："钟子期死，伯牙不复鼓琴[⑥]。朕之此篇，将何所示？"因令起居[⑦]褚遂良诣其灵帐读讫焚之，其悲悼也若此。又令与房玄龄、长孙无忌、杜如晦、李靖[⑧]等二十四人，图形于凌烟阁[⑨]。

【注释】

①会(kuài)稽：郡名，今浙江省绍兴市。

②晏驾：指皇帝去世。

③秘器:葬具。

④礼部尚书:礼部掌管礼仪、祭祀、贡举,尚书是礼部的长官。

⑤石渠、东观:石渠阁、东观,都是收藏图书典籍的地方。

⑥钟子期、伯牙:春秋时,钟子期与伯牙为友,伯牙鼓琴,子期善听。子期死后,伯牙绝弦,以示世上再无知音。

⑦起居:唐官名,记录皇帝的言行举止,作为修史的材料。

⑧李靖:唐名臣,历任扬州大都督府长史、刑部尚书、兵部尚书等职,破突厥有功。

⑨凌烟阁:唐初著名的楼阁,贞观年间,太宗命人将二十四功臣的图像绘好,陈列在这里。

【译文】

虞世南是会稽余姚县人。贞观初年,太宗待为上宾,这时开设了弘文馆,馆中人才济济,全都推举虞世南为文学之首。太宗授予他记室之职,与房玄龄共同掌管公文信札。太宗曾命他写《列女传》以装饰屏风,当时没有底本,世南只好默写,无一字遗漏。贞观七年,升任他为秘书监。太宗经常在治理朝政的空隙,召见他并与他谈论经史。虞世南虽然外表懦弱,像承受不了衣服的重量似的,但志向高亢、情绪激昂,每谈到古代帝王治政得失,都含有规劝之意,给太宗以很多补益。高祖驾崩后,太宗操劳丧礼太过,心情哀痛,面容憔悴,长时间没理朝政,文武百官也没有什么好主意,而世南每入宫进谏,太宗总是相当高兴并接受他的谏言,于是更加亲近礼遇世南。太宗曾对侍臣们说:“我在闲暇之时,常与世南谈论古今。我有一句善言,世南未尝不悦;有一句过失的话,世南亦未尝不惆怅遗憾。他有这样恳切热诚之心,我非常赞赏他。大家都像世南,天下又何愁治理不好呢?”太宗曾称赞世南有五绝：一曰德行，二曰忠直，三曰博学，四曰词藻，五曰书翰。到虞世南去世时，太宗在虞世南正宅以外的住所致哀，哭得十分伤心。丧事一切由朝廷供给，仍旧赐予东园制作的葬具，追赠礼部尚书，谥号为文懿。太宗亲自诏敕其子魏王李泰说："虞世南和我如同一体。他为我拾遗补缺，没有一时停止过，确实是当代名臣，人伦的标准。我有小善，他必定顺势成就它；我有小失，他一定犯颜进谏。现在他离我而去，像汉代的石渠、东观，再也没有这样的人，我的痛惜之情非言语所能表达。"后来，太宗作了一篇诗文，追忆古代治乱之道，既而叹息说："钟子期死后，伯牙不再弹琴。我虽作得这一篇，又能拿给谁看呢？"既而命令起居郎褚遂良到虞世南灵前读毕烧掉，他对虞世南的悲痛到了这种地步，并还命令画虞世南、房玄龄、长孙无忌、杜如晦、李靖等二十四人的画像放在凌烟阁。

【原文】

李勣，曹州离狐人也。本姓徐氏，初仕李密，为左武侯大将军[①]。密后为王世充所破，拥众归国，勣犹据密旧境十郡之地。武德二年，谓长史郭孝恪曰："魏公既归大唐，今此人众土地，魏公所有也。吾若上表献之，则是利主之败，自为己功，以邀富贵，是吾所耻。今宜具录州县及军人户口，总启魏公，听公自献，此则魏公之功也，不亦可乎？"乃遣使启密。使人初至，高祖闻无表，惟有启与密，甚怪之。使者以勣意闻奏，高祖方大喜曰："徐勣感德推功，实纯臣也。"拜黎州总管，赐姓李氏，附属籍于宗正[②]。

封其父盖为济阴王，固辞王爵，乃封舒国公，授散骑常侍[③]。寻加勣右武侯大将军。及李密反叛伏诛，勣发丧行服，备君臣之礼，表请收葬。高祖遂归其尸。于是大具威仪，三军缟素[④]，葬于黎阳山。礼成，释服而散，朝野义之。寻为窦建德所攻，陷于建德，又自拔归京师。从太宗征王世充、窦建德，平之。贞观元年，拜并州都督，令行禁止，号为称职，突厥甚加畏惮。太宗谓侍臣曰："隋炀帝不解精选贤良，镇抚边境，惟远筑长城，广屯将士，以备突厥，而情识之惑，一至于此。朕今委任李勣于并州，遂得突厥畏威远遁，塞垣安静，岂不胜数千里长城耶？"其后并州改置大都督府，又以勣为长史，累封英国公。在并州凡十六年，召拜兵部尚书[⑤]，兼知政事。勣时遇暴疾，验方云须灰可以疗之，太宗自剪须为其和药。勣顿首见血，泣以陈谢。太宗曰："吾为社稷计耳，不烦深谢。"十七年，高宗居春宫，转太子詹事[⑥]，加特进，仍知政事。太宗又尝宴，顾勣曰："朕将属以孤幼，思之无越卿者。公往不遗于李密，今岂负于朕哉！"勣雪[⑦]涕致辞，因噬指流血。俄沉醉，御服覆之，其见委信如此。勣每行军，用师筹算，临敌应变，动合事机。自贞观以来，讨击突厥、颉利及薛延陀[⑧]、高丽等，并大破之。太宗尝曰："李靖、李勣二人，古之韩、白、卫、霍岂能及也！”

【注释】

①左武侯大将军：唐初武官中地位显赫的要职，负责京城的治安工作。

②宗正：宗正寺，管理皇族的机构。

③散骑常侍：一种显贵而无实权的官职，负责对皇帝进行劝谏，充任皇帝的侍从顾问。

④缟素：缟是未经染色的绢，缟素是指白色的丧服。

⑤兵部尚书：兵部是六部之一，主管军事，尚书是其长官。

⑥太子詹事：负责教导太子的高级官员。

⑦雪：除去，擦拭。

⑧薛延陀：唐朝时北方的少数民族，贞观年间被唐朝征服。

【译文】

李勣是曹州离狐人，本姓徐，刚开始在李密手下为官，任左武侯大将军。李密后来被王世充打败后，率领部下投降了高祖，李勣仍然据守在李密往日占领的十郡之地上。唐高祖武德二年，李勣对原李密手下的长史郭孝恪说：“魏公已经归降大唐，现今这里的人众土地，都为魏公所有。我如果上表把这些进献给朝廷，则是利用主子的失败归为自己的功劳，以此来求得富贵，这是我引以为耻的。现在应详细登记各个州县及军人户口，把总的情况向魏公禀报，由魏公自己献上，这是魏公的功劳，不是很好吗？”于是派使者报告李密。使者刚到，高祖见没有上奏之表，只有一个报告给了李密，感到十分奇怪。后来使者将李勣的意图上奏，高祖才大喜，并说：“徐勣感恩戴德，推功与人，实在是纯贞之臣。”封其为黎州总管，赐姓李氏，把他的属籍交给掌管宗室亲属的宗正管理。册封其父亲徐盖为济阴王，因李勣坚持辞掉王爵，因而改封舒国公，授予散骑常侍的官职。不久又加封李勣为右武侯大将军。在李密反叛被杀时，李勣为他发丧并穿上孝服，完全按照君臣之礼安排，并上表请求为李密收葬。高祖就把李密遗体交给了他。于是他大规模地整备了仪队，全军都穿上白色的丧服，将李密安葬在黎阳山。丧礼完毕才脱去孝服解散，朝野上下都称李勣讲义气。不久窦建德攻击李勣，李勣被俘，后又逃出来回到京师，跟随太宗征伐王世充、窦建德，并最终平定了他们。贞观元年，他被封为并州都督，能做到令行禁止，人们说李勣为官称职，突厥人都十分害怕他。太宗对大臣们讲："隋炀帝不懂得精选贤良大臣镇抚边境，只是一味地修筑长城，到处驻扎军队，以此来防备突厥，见识糊涂到了这种地步。我现在将李勣派往并州，使突厥因害怕其威名而远逃，边塞城镇安宁，难道胜不过千里长城吗？"这以后，太宗将并州改设大都督府，又任命李勣为长史，并封其为英国公。在并州共十六年，后召他回京城官封兵部尚书，兼管政事。当时李勣突然得病，药方上讲须用胡须灰治疗，太宗亲自剪下胡须为他和药。李勣叩头出血，哭着谢恩。太宗说："我是为国家考虑，不必劳烦致谢。"贞观十七年，高宗还在东宫时，调任李勣为太子詹事，加封特进，仍管政事。太宗有一次设宴时，回头对李勣说："我准备将孤幼嘱托于你，想想没有比你更合适的人了。以前你丝毫都不背弃李密，现今岂会辜负我！"李勣拭泪致辞，并咬破手指洒血发誓。后喝醉沉睡，太宗把自己的衣服给他盖上，对他付托信任到如此程度。李勣每次行军，筹划用兵，临敌应变，都能做得很恰当。自贞观以来，参加了讨伐突厥颉利可汗及薛延陀、高丽等的战争，并大败敌人。太宗说："李勣、李靖这二人，就连古代的韩信、白起、卫青、霍去病也比不上！"

求谏第四

【题解】

“人欲自照，必须明镜；主欲知过，必藉忠臣”，“孜孜不倦者，欲尽臣下之情”，鼓励臣下犯颜进谏是唐太宗用人思想的精华。贞观年间，特别是贞观之初，恐人不言，导之使谏，这一兼听纳下的思想和行动，造成了诤谏蔚然成风，君臣共商国事的良好风气，是贞观之治最引人注目的地方。

【原文】

太宗威容俨肃[①]，百僚进见者，皆失其举措。太宗知其若此，每见人奏事，必假颜色，冀闻谏诤，知政教得失。贞观初，尝谓公卿曰：“人欲自照，必须明镜；主欲知过，必藉忠臣。主若自贤，臣不匡正，欲不危败，岂可得乎？故君失其国，臣亦不能独全其家。至于隋炀帝暴虐，臣下钳口，卒令不闻其过，遂至灭亡，虞世基等，寻亦诛死。前事不远，公等每看事有不利于人，必须极言规谏。”

【注释】

①俨肃：即严肃。

【译文】

太宗容貌威武庄重，举止严肃，进见的百官臣僚，往往都手足无措。太宗知道这种情况后，每见臣下上奏议事，一定会表现出高兴的样子，因为他希望能够听到诤诤谏言，从而了解自己治政教化的得失。贞观初年，他曾经对公卿大臣们说："人想要照清自己，一定要有明镜；君主要了解自己治政的过失，一定要借助忠臣的辅佐。君主假如自以为圣明，臣下又不去匡正扶持你，想不处于危难败亡之中，行吗？君主失掉了他的国家，臣下也不能单独保全其家。隋炀帝实行暴政，臣下都闭口不言，最终使他听不到自己的过错，因而导致灭亡，像谄媚取容的虞世基等人，也很快被暴动的卫队杀死。前事不远，你们每当看到事情不利于百姓的，必须尽快直言劝谏。"

【原文】

贞观元年，太宗谓侍臣曰："正主任邪臣，不能致理；正臣事邪主，亦不能致理。惟君臣相遇，有同鱼水，则海内可安。朕虽不明，幸诸公数相匡救，冀凭直言鲠①议，致天下太平。"谏议大夫王珪对曰："臣闻木从绳则正，后②从谏则圣。是故古者圣主必有争臣③七人，言而不用，则相继以死。陛下开圣虑，纳刍荛，愚臣处不讳之朝，实愿罄其狂瞽。"太宗称善，诏令自是宰相入内平章④国计，必使谏官随入，预闻政事。

有所开说，必虚己纳之。

【注释】

①鲠（gěng）：本是鱼骨，这里是耿直的意思。

②后：君主，帝王。

③争臣：即诤臣，直言谏诤之臣。

④平章：商量处理。

【译文】

贞观元年，太宗对侍臣们说：“正直的君主任用了奸臣，就不可能治理好国家；忠直的臣下侍奉昏庸的君主，也不可能治理好国家。只有正直的君主和忠直的臣下结合在一起，如鱼得水，那么天下就可以安定。我虽不贤明，幸好遇到各位能对我的过失匡正补救，我希望凭借你们的直言谏议，使天下太平。”谏议大夫王珪说：“我听说木料沿着墨线加工则直，君主听从规谏就能圣明。因此古代圣明的君主一定有七个诤谏之臣，直言不被采纳，就一个接一个地以死相谏。陛下英明

的想法大开，采纳臣民忠言，臣等处在不避忌讳的圣朝，情愿竭尽所能。”太宗很赞赏王珪的话，下达诏命从今以后宰相入朝商量处理国事，一定要有谏官陪同，参与政事，若有启迪之言，定要虚心接受。

【原文】

贞观三年，太宗谓司空[①]裴寂曰：“比有上书奏事，条数甚多，朕总粘之屋壁，出入观省。所以孜孜不倦者，欲尽臣下之情。每一思政理，或三更方寝。亦望公辈用心不倦，以副[②]朕怀也。”

【注释】

①司空：官名，掌管工程。后世用作工部尚书的别称。

②副：符合，相称。

【译文】

贞观三年，太宗对司空裴寂说：“每当有甚多的上书奏事，我总要把它们粘贴在屋内的墙壁上，出入之中观看和反省。我所以这样孜孜不倦，是想彻底了解臣下之情。每一想到朝政治理，有时三更以后才能安睡。也希望你们竭尽全力以称我心。”

【原文】

贞观五年，太宗谓房玄龄等曰：“自古帝王多任情喜怒，喜则滥赏无功，怒则滥杀无罪。是以天下丧乱，莫不由此。朕今夙夜未尝不以此为心，恒欲公等尽情极谏。公等亦须受人谏语，

岂得以人言不同己意，便即护短不纳？若不能受谏，安能谏人？”

【译文】

贞观五年，太宗对房玄龄等人说：“自古以来的帝王多凭着自己的感情喜怒无常，喜则滥赏无功，怒则滥杀无辜。国家的灭亡衰败，莫不根源于此。我现在日夜操劳，考虑的就是这个问题，自始至终想让你们尽情直谏。你们也必须接受他人之谏，怎能因别人的话不符合自己的心意就护短不接受呢？如果不能接受别人的意见，又怎能进谏他人呢？”

【原文】

贞观六年，太宗以御史大夫韦挺、中书侍郎杜正伦、秘书少监[①]虞世南、著作郎[②]姚思廉等上封事称旨，召而谓曰：“朕历观自古人臣立忠之事，若值明主便宜尽诚规谏，至如龙逄、比干[③]，不免孥戮[④]。为君不易，为臣极难。朕又闻龙可扰[⑤]而驯，然喉下有逆鳞。卿等遂不避犯触，各进封事。常能如此，朕岂虑宗社之倾败！每思卿等此意，不能暂忘，故设宴为乐。”仍赐绢有差。

【注释】

①秘书少监：官名，掌管官员向皇帝奏事的奏章函牍、皇帝命令的宣示以及官禁的图书。

②著作郎：秘书省的官员，掌管修撰碑志、祝文、祭文。

③比干：商纣王的贤臣，因忠谏被杀。

④孥(nú)戮：孥指子女或妻。戮是杀。这里指连儿子一起杀掉。

⑤扰：驯服，驯养。

【译文】

贞观六年，太宗因为御史大夫韦挺、中书侍郎杜正伦、秘书少监虞世南、著作郎姚思廉等送给皇帝的奏章很符合自己的意旨，所以把这些大臣召集起来对他们说："我纵观自古以来臣下尽忠之事，若遇明主自然能够诚心规谏，但遇到昏君，像关龙逢、比干那样，不免身遭杀戮，还连累家人。当君主的不容易，做臣下的就更难。我又听说龙的性格柔顺可以被驯服，然而其喉下又有逆长的鳞片。你们无须避讳怕触犯龙颜，各自进上谏议。经常能如此，我难道还担忧国家的倾覆败亡！每当想起你们的忠心实意，我绝对不会在短时间内忘掉，所以今天设宴与大家同乐。"然后太宗照例赏赐了各位大臣不同数量的绢。

【原文】

贞观八年，太宗谓侍臣曰：“朕每闲居静坐，则自内省，恒恐上不称天心，下为百姓所怨。但思正人匡谏，欲令耳目外通，下无怨滞。又比见人来奏事者，多有怖慑，言语致失次第。寻常奏事，情犹如此，况欲谏诤，必当畏犯逆鳞。所以每有谏者，纵不合朕心，朕亦不以为忤。若即嗔责，深恐人怀战慑，岂肯更言！”

【译文】

贞观八年，太宗对侍臣们说：“每当我闲暇静坐时，就自己反省自己，常担心对上不能使上天称心，对下被百姓所抱怨。只想得到谏言来匡正自己，好让我的视听能和外界相通，下面没有怨恨积存。但又经常看到上奏的人多有惧怕而受拘束，讲话时出现语无伦次的现象。平常奏事，情况都是这样，何况要当面谏诤，一定会害怕冒犯龙颜。所以每当有进谏的人，即使不合我的心意，我也不见怪。假如立刻发怒呵斥，恐怕人人心怀恐惧，怎么肯再进谏言！”

【原文】

贞观十五年，太宗问魏征曰：“比来朝臣都不论事，何也？”征对曰：“陛下虚心采纳，诚宜有言者。然古人云：‘未信而谏，则以为谤己；信而不谏，则谓之尸禄[①]。’但人之才器各有不同，懦弱之人怀忠直而不能言，疏远之人恐不信而不得言，怀禄之人虑不便身而不敢言。所以相与缄默，俯仰过日。”太宗曰：“诚如卿言。朕每思之，人臣欲谏，辄惧死亡之祸，与夫赴鼎镬[②]、冒白刃，亦何异哉？故忠贞之臣，非不欲竭诚。竭诚者，乃是极难。所以禹拜昌言[③]，岂不为此也！朕今开怀抱，纳谏诤。卿等无劳怖惧，遂不极言。”

【注释】

①尸禄：尸指古代死者受祭时一动也不动，所以后来把做了官而不干事叫尸位，禄是俸禄。尸禄就是做官享受俸禄而不干事。

②鼎镬(huò)：鼎是古代烹煮用的器物，一般是三足两耳。镬是古代的大锅。用鼎镬将人煮死，是古代的一种酷刑。

③昌言：好的意见。

【译文】

贞观十五年，太宗问魏征：“近来朝臣都不议论朝政，是什么原因呢？”魏征回答说：“陛下虚心纳谏，按理应当有进言者。然而古人讲：‘未取得信任的人进谏，会被认为是毁谤自己；取得信任而不进谏，则叫做空受俸禄而不干事。’人的素质和才能各不相同，懦弱之人忠诚正直但不善于讲，被疏远之人担心不被信任而不能讲，贪图禄位、考虑于己不便的人不敢讲。因此大家互相之间保持沉默，应付时日。”太宗说：“确实如你所说。我常常想，臣下想要进谏，总是害怕招致死罪，与那些赴油锅、雪刃加身有什么不同呢？所以忠贞之臣，不是不想竭尽忠诚，而是竭尽忠诚实在太难。所以夏禹听了好的意见要拜谢，就是因为这个缘故。我如今敞开胸怀，接纳诤谏之言，你们尽管放心，无须担心害怕，要尽情直言。”

【原文】

贞观十六年，太宗谓房玄龄等曰：“自知者明，信为难矣。如属文[1]之士，伎巧之徒，皆自谓己长，他人不及。若名工文匠，商略诋诃，芜词拙迹，于是乃见。由是言之，人君须得匡谏之臣，举其愆[2]过。一日万机，一人听断，虽复忧劳，安能尽善？常念魏征随事谏正，多中朕失，如明镜鉴形，美恶必见。”因举觞赐玄龄等数人勖[3]之。

【注释】

①属文：连缀字句写成文章。

②愆：罪过。

③勖(xù)：勉励。

【译文】

贞观十六年，太宗对房玄龄等人说：“自知者明，但要做到实在困难。比如那些舞文弄墨和有才艺技巧的人，都认为自己的长处是别人所不及的。如果遇上著名的文士、工匠来估价评议，那么其中的繁芜之词、拙劣之迹将会一一败露。因此我们说，君主必须有匡扶进谏之臣，来举出其过错。君主一天日理万机，只凭一人来决断，虽然劳心苦思，怎能做到尽善尽美？我经常想念魏征，他能就事进谏匡正，多数都说中了我的过错，如同明镜照出人形一样，美丑必然显现。”于是太宗举杯赏赐玄龄等人，并希望他们再接再厉。

【原文】

贞观十七年，太宗问谏议大夫褚遂良曰："昔舜造漆器，禹雕其俎①，当时谏者十有余人。食器之间，何须苦谏？"遂良对曰："雕琢害农事，纂组②伤女工。首创奢淫，危亡之渐。漆器不已，必金为之；金器不已，必玉为之。所以诤臣必谏其渐，及其满盈，无所复谏。"太宗曰："卿言是矣。朕所为事，若有不当，或在其渐，或已将终，皆宜进谏。比见前史，或有人臣谏事，遂答云'业已为之'，或道'业已许之'，竟不为停改。此则危亡之祸，可反手而待也。"

【注释】

①俎(zǔ)：祭祀时用来盛装食物的器皿。

②纂(zuǎn)组：纂是赤色的丝带，组指丝织的阔带子。这里有编织的意思。

【译文】

贞观十七年，太宗问谏议大夫褚遂良："从前舜造漆器，禹雕琢俎器，当时劝谏的有十多人。制造一些常用器具，何必苦心诤谏呢？”褚遂良回答说：“雕刻镂饰妨碍农事，编织绣作有碍女工。奢侈淫逸一旦开始，危亡之日就会渐渐来临。漆器不能满足时，就想用金器来替代；金器也不满足时，必然会用玉来顶替。所以诤臣必须在君主的过失处于萌芽状态时就要进谏，等到已发展成熟时，其实也没有劝谏的余地和必要了。”太宗说：“你说得对。我所干的事，如果有不妥之处，不论在开始，还是将要结束，都应当进谏。近来翻阅以前的史书，其中记载，有时臣下进谏，君主说‘已经做了’，或者说‘已经同意做了’，然而始终没有改正。这样下去危亡的灾祸指日可待。”

纳谏第五

【题解】

能否接受臣下的直谏，对一个君王来说，是一种考验，唐太宗在这一点上做得比较好，尤其在贞观初期。魏征、王珪、张玄素、李大亮、长孙皇后、皇太子等都能对太宗进谏，太宗接受他们的诤言，改进政务，并对谏诤者给予奖励。所以贞观之初出现了“恐人不言，导之使谏”的局面。

【原文】

贞观初，太宗与黄门侍郎王珪宴语，时有美人[①]侍侧，本庐江王瑗之姬也，瑗败，籍没[②]入宫。太宗指示珪曰：“庐江不道，贼杀其夫而纳其室，暴虐之甚，何有不亡者乎！”珪避席曰：“陛下以庐江取之为是邪，为非邪？”太宗曰：“安有杀人而取其妻，卿乃问朕是非，何也？”珪对曰：“臣闻于《管子》[③]曰：齐桓公[④]之郭国，问其父老曰：‘郭何故亡？’父老曰：‘以其善善而恶恶也。’桓公曰：‘若子之言，乃贤君也，何至于亡？’父老曰：‘不然。郭君善善而不能用，恶恶而不能去，所以亡也。’今此妇人尚在左右，臣窃以为圣心是之。陛下若以为非，所谓知恶而不去也。”太宗大悦，称为至善，遽令以美人还其亲族。

【注释】

①美人：古代帝王后宫中位居正四品的妃嫔。

②籍没：官府把罪人家里的人口和财产进行登记，全部没收。

③《管子》：春秋时管仲著的一本书，共有八十六篇。

④齐桓公：名小白，齐国国君，“春秋五霸”之一。

【译文】

贞观初年，太宗与黄门侍郎王珪在饮宴之间交谈，当时有位美人在旁边侍奉。这位美人原本是庐江王李瑗之妾，李瑗事败身死，于是她被籍没入宫。太宗指着她对王珪说：“庐江王无道，杀害了她的丈夫，把她纳为自己的妻室，如此暴虐，怎能不灭亡！”王珪离座说：“陛下认为庐江王娶她是对还是错呢？”太宗说：“哪有杀人而娶其妻的，你却问我是对是错，为什么这样讲呢？”王珪回答说：“我在《管子》这本书中看到：齐桓公到郭国，问郭国的父老们说：‘郭国是由于什么原因灭亡的呢？’父老们说：‘因为郭国的君主善待好人，厌恶坏人。’齐桓公说：‘如果像你们所说的，那么郭国的君主就是一位贤君，怎么会灭亡呢？’父老们说：‘不是这样。郭国的君主善待好人但不能任用好人，憎恶坏人却不能摒弃坏人，所以亡国了。’今天这个妇人还在你身旁，所以我猜想陛下的心意认为这样做是对的。陛下如果认为是错的，这种做法就是所说的知恶而不去。”太宗非常高兴，夸他讲得好，马上命令把美人送还给她的亲族。

【原文】

太宗有一骏马，特爱之，恒于宫中养饲，无病而暴死。太宗怒养马宫人，将杀之。皇后[1]谏曰："昔齐景公以马死杀人，晏子[2]请数[3]其罪云：'尔养马而死，尔罪一也。使公以马杀人，百姓闻之，必怨吾君，尔罪二也。诸侯闻之，必轻吾国，尔罪三也。'公乃释罪。陛下尝读书见此事，岂忘之邪？"太宗意乃解。又谓房玄龄曰："皇后庶事相启沃，极有利益尔。"

【注释】

①皇后：指唐太宗的皇后长孙氏，长孙氏极为贤德，在政事上对太宗多有劝谏。

②晏子：名婴，春秋时齐国著名的政治家。

③数(shǔ)：列举过错，一一列举。

【译文】

太宗有一匹骏马，特别喜爱它，常在宫中饲养，但是，骏马无病而突然死去。太宗怒斥养马的宫人，要将他处死。长孙皇后劝谏说："过去齐景公因马死了要杀人，晏子请求数说养马人的罪状：'派你养马，

你却让马死掉，这是你的第一条罪过。让国君因马杀人，百姓听说了这件事，一定会怨恨我们的国君，这是你的第二条罪过。诸侯国听说了这件事，一定会轻视我们的国家，这是你的第三条罪过。’齐景公听了便释免了养马人。陛下曾在书中读到过这件事，难道忘记了吗？”太宗怒意才得以消散，又对房玄龄说：“皇后在诸多事情上对我有所启发，这对治政极其有利。”

【原文】

贞观七年，太宗将幸九成宫①，散骑常侍姚思廉进谏曰：“陛下高居紫极②，宁济苍生，应须以欲从人，不可以人从欲。然则离宫③游幸，此秦皇、汉武之事，故非尧、舜、禹、汤之所为也。”言甚切至。太宗谕之曰：“朕有气疾，热便顿剧，故非情好游幸，甚嘉卿意。”因赐帛五十段。

【注释】

①九成宫：隋唐时著名的宫殿，是皇帝避暑的地方。

②紫极：我国古代天文中的北极紫微星垣，相应于地上的皇帝及辅佐大臣，因而也把皇帝居住的地方称紫极。

③离宫：在皇帝正式宫殿以外，另外盖的供他游幸的宫室。

【译文】

贞观七年，太宗准备居住九成宫，散骑常侍姚思廉进谏说：“陛下高居帝位，安天下济百姓，应该自己克制私欲，不可让自己顺从私欲。然而陛下离开皇宫去各地游玩巡幸，这是秦始皇、汉武帝所干的事情，不是尧、舜、禹、汤所做的事。”姚思廉进言十分恳切。太宗解释说：“我有心胸烦闷的病症，天气一热便会更加严重，所以并不是想巡游作乐，对你的好意我很赞赏。”因而赐予姚思廉五十段绸绢。

【原文】

贞观八年，陕县丞[1]皇甫德参上书忤旨，太宗以为讪谤。侍中魏征进言曰：“昔贾谊[2]当汉文帝上书云云‘可为痛哭者一，可为长叹息者六。’自古上书，率多激切。若不激切，则不能起人主之心。激切即似讪谤[3]，惟陛下详其可否。”太宗曰：“非公无能道此者。”令赐德参帛二十段。

【注释】

①县丞：县令属下最重要的官员，主管文书及仓狱。

②贾谊：西汉时著名的政论家、文学家。

③讪谤：毁谤、讥笑。

【译文】

贞观八年，陕县县丞皇甫德参上书触怒了太宗，太宗认为他是讥讽毁谤朝廷。侍中魏征进言说：“过去贾谊当着汉文帝的面上书讲朝廷的弊政‘可为痛哭者一，可为长叹者六。’自古以来臣下上书，大多言辞激切，如果不激烈恳切，则不能引起帝王的注意。这样的谏言往往就像毁谤之词，希望陛下仔细辨明是非曲直。”太宗说：“不是你不会说出这样的话。”于是命令赏赐皇甫德参二十段绸绢。

【原文】

太宗尝怒苑西监[①]穆裕，命于朝堂斩之。时高宗为皇太子，遽犯颜进谏，太宗意乃解。司徒长孙无忌曰："自古太子之谏，或乘间从容而言。今陛下发天威之怒，太子申犯颜之谏，诚古今未有。"太宗曰："夫人久相与处，自然染习。自朕御天下，虚心正直，即有魏征朝夕进谏。自征云亡，刘洎、岑文本、马周、褚遂良等继之。皇太子幼在朕膝前，每见朕心说[②]谏者，因染以成性，故有今日之谏。"

【注释】

①苑西监：管理皇家禁苑的官员。

②说：通"悦"，喜悦。

【译文】

太宗曾对掌管宫苑的大臣穆裕发怒，命令在朝堂上将其斩首。当时皇太子李治急切之下犯颜进谏，太宗怒意才得以消散。司徒长孙无忌说："自古以来太子劝谏，多趁空闲时委婉进言。今陛下大发天威之怒，太子敢冒犯威严进谏，确实古今未有。"太宗说："人与人之间长时间相处，自然会互相感染、学习。自从我统治天下以来，正直待物，虚心纳谏，当时更有魏征时时进谏。魏征死后，有刘洎、岑文本、褚遂良等人继之。皇太子自幼在我身旁，经常看到我喜欢进谏的人，因而感染而成习性，所以才有今日之谏。"

【原文】

贞观二年，隋通事舍人[①]郑仁基女年十六七，容色绝姝，当时莫及。文德皇后访求得之，请备嫔御。太宗乃聘为充华[②]。诏书已出，策使未发。魏征闻其已许嫁陆氏，方遽进而言曰："陛下为人父母，抚爱百姓，当忧其所忧，乐其所乐。自古有道之主，以百姓之心为心，故君处台榭，则欲民有栋宇之安；食膏粱，则欲民无饥寒之患；顾嫔御，则欲民有室家之欢。此人主之常道也。今郑氏之女，久已许人，陛下取之不疑，无所顾问，播之四海，岂为民父母之道乎？臣传闻虽或未的，然恐亏损圣德，情不敢隐。君举必书，所愿特留神虑。"太宗闻之大惊，手诏答之，深自克责，遂停策使，乃令女还旧夫。左仆射房玄龄、中书令温彦博、礼部尚书王珪、御史大夫韦挺等云："女适陆氏，无显然之状，大礼既行，不可中止。"又陆氏抗表云："某父康在日，与郑家往还，时相赠遗资财，初无婚姻交涉亲戚。”并云：“外人不知，妄有此说。”大臣又劝进。太宗于是颇以为疑，问征曰：“群臣或顺旨，陆氏何为过尔分疏？”征曰：“以臣度之，其意可识，将以陛下同于太上皇。”太宗曰：“何也？”征曰：“太上皇初平京城，得辛处俭妇，稍蒙宠遇。处俭时为太子舍人③，太上皇闻之不悦，遂令出东宫为万年县，每怀战惧，常恐不全首领。陆爽④以为陛下今虽容之，恐后阴加谴谪，所以反复自陈，意在于此，不足为怪。”太宗笑曰：“外人意见，或当如此。然朕之所言，未能使人必信。”乃出敕曰：“今闻郑氏之女，先已受人礼聘，前出文书之日，事不详审。此乃朕之不是，亦为有司之过。授充华者宜停。”时莫不称叹。

【注释】

①通事舍人：负责呈递奏章、传达圣旨的官员。

②充华：帝王后宫中正二品的嫔妃。

③太子舍人：太子宫中的官员，负责传达命令、收发公文。

④陆爽：郑仁基女儿的未婚夫。

【译文】

贞观二年，隋朝通事舍人郑仁基有位十六七岁的女儿，容貌十分漂亮，堪称国中绝色。长孙皇后寻访到后，请求备为宫女。太宗就聘她为充华。诏书已经发出，册封的使者尚未动身。魏征听说她已经许配给陆氏，就立即进宫进谏说："陛下为民父母，抚爱百姓，当忧其所忧，乐其所乐。自古有道的君主，皆能想百姓之所想。所以君王居处台榭之中，则想百姓是否有安适的住房；享用美味佳肴时，则想百姓有没有受饥寒的侵扰；君王身旁有宫女嫔妃侍奉，则想百姓也该有合家之欢。这是帝王正常的治国之道。今天郑氏之女早已许配他人，陛下毫不考虑就要她进宫，也不打听和询问，这个消息传到天下，难道是做百姓父母的人该做的事吗？我听到的虽未证实，但担心有损于圣上的美德，所以不敢隐瞒自己的看法。君王的一言一行都有史官记载，希望君王特别留心思虑。"太宗听说大惊，亲手写诏答复，深深地谴责自己，并立即制止使者的行动，叫把那位郑氏之女归还已许配的丈夫。左仆射房玄龄、中书令温彦博、礼部尚书王珪、御史大夫韦挺等说："郑女许配陆家，无明确的根据，大礼已经行过，不能中途停止。"此时陆氏上表直言："我父生前，与郑家互有交往，时常互相馈赠礼物，当初并无婚姻之约、结为亲家的想法。"并说："外边的人不知实情，在乱讲。"大臣们又进谏劝说，太宗这时也左右为难，问魏征说："群臣们也许顺从我的旨意，可陆氏为什么如此极力分辩呢？"魏征说："以臣看来，其意图可以看出，他们把陛下同太上皇一样看待。"太宗问："为什么呢？"魏征说："太上皇刚平定京城时，取得了辛处俭的

妻子，十分恩遇宠爱。辛处俭当时为太子舍人，太上皇知道后很不高兴，就命令他离开东宫去万年县做官，辛处俭时时心怀恐惧，经常担心生命不保。陆爽认为陛下今天宽恕了他，担心陛下以后给他暗地里加罪贬官，所以反复表白，意图在于此，这不足为怪。”太宗笑笑说：“外边人的想法，也许会这样。我所说的，确也未必能使人家一定相信。”于是敕令说：“今天听说郑家的女儿，先前已受人聘礼，前几天出文书之日，事情没有详细审查，这是我的不对，也是有关官属的过错。授充华的事情应该停止执行。”当时人们无不称叹。

【原文】

简点使[①]右仆射封德彝等，并欲中男十八已上，简点入军。敕三四出，征执奏以为不可。德彝重奏：“今见简点者云，次男内大有壮者。”太宗怒，乃出敕：“中男已上，虽未十八，身形壮大，亦取。”征又不从，不肯署敕。太宗召征及王珪，作色而待之，曰：“中男若实小，自不点入军；若实大，亦可简取。于君何嫌？过作如此固执，朕不解公意！”征正色曰：“臣闻竭泽取鱼，非不得鱼，明年无鱼；焚林而畋，非不获兽，明年无兽。若次男已上，尽点入军，租赋杂徭，将何取给？且比年国家卫士，不堪攻战。岂为其少？但为礼遇失所，遂使人无斗心。若多点取人，还充杂使，其数虽众，终是无用。若精简壮健，遇之以礼，人百其勇[②]，何必在多？……”乃停中男。

【注释】

①简点使：唐代负责征兵的高级官员。

②人百其勇：即一人的勇气可抵百人。

【译文】

简点使右仆射封德彝等人，想选拔十八岁至二十三岁的男子参军。敕令已经来回三四次，魏征持表上奏认为不能这样做。封德彝再次上奏说："今见那些选拔的官吏讲，未成年男子中强壮者大有人在。"太宗十分生气，于是下达敕令："十八岁到二十三岁的男子，或即使未满十八岁，只要身体强壮高大，也吸收参军。"魏征又不听从，不肯签署敕令。太宗召见魏征及王珪，满脸怒气地等着他们。见到他们来后，生气地说："十八岁至二十三岁的男子如果确实小，自然不点他们参军，如果很强壮，可以选拔吸收。你们还有什么顾虑呢？你的看法这样固执，我不了解你的意图！"魏征也很严肃地说："臣下听说竭泽而鱼，并不是得不到鱼，而是第二年没有鱼了；焚林打猎，不是猎不到野兽，而是第二年没有野兽了。如果十六岁以上的男子尽数选拔入军，田租赋税杂役，将从何处而供给呢？况且近年来国家所养的军队，经不起战争，难道是因为数量少吗？其实是由于礼仪教化失当，所以使人无斗志。如果大量地选拔入军，并且还充当杂役使用，数量虽多，最终是无法将人力投入使用的。如果精心选拔壮健的男丁，待之以礼仪教化，其勇敢可以以一当百，又何必在于数量多呢？……”太宗因此停止在未成年男子中选拔军人。

【原文】

贞观五年，持书侍御史[①]权万纪、侍御史李仁发，俱以告讦谮毁[②]，数蒙引见，任心弹射[③]，肆其欺罔，令在上震怒，臣下无以自安。内外知其不可，而莫能论诤。给事中魏征正色而奏之曰：“权万纪、李仁发并是小人，不识大体，以谮毁为是，告讦为直，凡所弹射，皆非有罪。陛下掩其所短，收其一切，乃骋[④]其奸计，附下罔上，多行无礼，以取强直之名。诬房玄龄，斥退张亮，无所肃厉，徒损圣明。道路之人，皆兴谤议。臣伏度圣心，必不以为谋虑深长，可委以栋梁之任，将以其无所避忌，欲以警厉群臣。若信狎回邪[⑤]，犹不可以小谋大，群臣素无矫伪，空使臣下离心。以玄龄、亮之徒，犹不可得伸其枉直，其余疏贱，孰能免其欺罔？伏愿陛下留意再思。自驱使二人以来，有一弘益，臣即甘心斧钺，受不忠之罪。陛下纵未能举善以崇德，岂可进奸而自损乎？”太宗欣然纳之，赐征绢五百匹。其万纪又奸状渐露，仁发亦解黜，万纪贬连州司马[6]。朝廷咸相庆贺焉。

【注释】

①持书侍御史：御史台的副长官，负责纠察百官。“持”本作“治”，因避唐高宗李治讳，故改“治”为“持”。

②告讦（jié）谮（zèn）毁：揭发别人隐私，说人坏话。

③弹射：弹劾、指责。

④骋：放纵。

⑤回邪：奸邪之人。

⑥司马：唐代官名，州刺史的佐官。

【译文】

贞观五年，持书侍御史权万纪、侍御史李仁发，都因揭人隐私、诬蔑诋毁，而屡次蒙受皇帝的接见，这两人随心所欲地弹劾影射，肆意欺君罔上，使得皇上震怒，臣下坐卧不安。内外大臣都知道这两人行为不端，却没有人能够直言相谏。给事中魏征严肃地上奏说：“权万纪、李仁发都是小人，不识大体，以谗言诋毁为是，以告发别人隐私为正直，凡是他们所弹劾举报的，都不是有罪之人。陛下掩饰了他们的短处，接受了他们所诬告的一切，于是他们施展奸谋，对下拉拢，对上欺瞒，干了许多无理的事情，却获得了耿直的美名。诬蔑房玄龄，贬斥张亮，并没有整肃朝廷，相反损害了圣上的英明，连来往行人，都纷纷指责议论。臣私下揣摩圣心，完全不认为这些人有深谋远虑，可以委以国家重任，只是想利用他们无所顾忌的言行，来警戒群臣。即使相信并任用这些奸邪之人，也不应该用他们来算计忠诚之臣，群臣平素并无狡诈虚伪的表现，现在这样做，只会使臣下离心离德。就凭房玄龄、张亮这样出名的人物，都没有办法申辩曲直，其余微臣小吏，谁能避免他们的非难诬蔑呢？希望陛下留意三思。自从使用这二人以来，哪怕给社稷做了一件有益的事，臣都甘愿受杀戮之刑，背不忠之罪。陛下纵然不能推举贤人来播扬圣德，怎能用奸邪而自毁声威呢？”太宗欣然接受魏征的谏言，赏赐魏征五百匹绢。权万纪的劣迹逐渐暴露，被贬为连州司马，李仁发也被解职罢官。朝廷上下都互相庆贺。

【原文】

贞观六年，匈奴[①]克平，远夷入贡，符瑞日至，年谷频登。岳牧等屡请封禅[②]，群臣等又称述功德，以为“时不可失，天不可违，今行之，臣等犹谓其晚”。惟魏征以为不可。太宗曰：“朕欲得卿直言之，勿有所隐。朕功不高耶？”曰：“高矣。”“德未厚耶？”曰：“厚矣。”“华夏未安耶？”曰：“安矣。”“远夷未慕耶？”曰：“慕矣。”“符瑞未至耶？”曰：“至矣。”“年谷未登耶？”曰：“登矣。”“然则何为不可？”对曰：“陛下功高矣，民未怀惠。德厚矣，泽未旁流。华夏安矣，未足以供事。远夷慕矣，无以供其求。符瑞虽臻，而罻罗[③]犹密。积岁丰稔，而仓廪尚虚。此臣所以切谓未可。臣未能远譬，且借近喻于人。有人长患疼痛，不能任持，疗理且愈，皮骨仅存，便欲负一石米，日行百里，必不可得。隋氏之乱，非止十年。陛下为之良医，除其疾苦，虽已乂安，未甚充实，告成天地，臣窃有疑。且陛下东封，万国咸萃，要荒[4]之外，莫不奔驰。今自伊、洛之东，暨乎海、岱，萑[5]莽巨泽，茫茫千里，人烟断绝，鸡犬不闻，道路萧条，进退艰阻。宁可引彼戎狄，示以虚弱？竭财以赏，未厌远人之望；加年给复[6]，不偿百姓之劳。或遇水旱之灾，风雨之变，庸夫邪议，悔不可追。岂独臣之诚恳，亦有舆人之论。”太宗称善，于是乃止。

【注释】

①匈奴：本是秦汉时期我国北方的少数民族，这里指隋唐时北方的少数民族突厥。

②封禅：“封”指古代帝王到泰山祭天，“禅”是帝王在泰山附近的梁父等小山祭地，意在将自己的功德告知天地，是一种迷信活动。

③罻(wèi)罗：即罗网，是捕鸟的器具，这里指法网。

④要荒：指边远地区。

⑤萑(huán)：芦苇类植物。

⑥给复：免除赋税徭役。

【译文】

贞观六年，突厥已平定，远方藩国纳贡称臣，吉祥的征兆天天降临，年年五谷丰登。封疆大臣们多次请求太宗去泰山祭祀天地，各级官吏也纷纷歌功颂德，认为“机不可失，天意不可违抗，即使如今举行封禅大典，我们还认为太迟了”。只有魏征认为不能搞这个活动。太宗对魏征说："我想要得到你的直谏之言，不要有所隐晦。我的功劳不高吗？"魏征回答说："高。"太宗问道："我的恩德不丰厚吗？"魏征回答说："丰厚。"太宗又问："华夏没有安定吗？"魏征答道："安定。"太宗问："远方藩邦不仰慕我朝吗？"魏征回答说："都很仰慕陛下。"太宗进一步问："符瑞征兆未降临吗？"魏征回答说："降临了。"太宗再问："谷物没有丰收吗？"魏征继续回答说："丰收了。"太宗最后问道："既然如此，为什么不能在泰山举行祭祀大典呢？"魏征陈述说："陛下功劳是很高的，但百姓还未受到实惠。陛下的恩德丰厚，但恩泽并未遍及各方。华夏已经安定，但各级官吏还未能够彻底履行职责。远邦藩国仰慕我朝，但还没有进贡我朝所需求的。吉祥征兆虽不断降临，但法网仍然密布。连年大丰收，而仓廪府库仍然空虚。这是臣下深切认为不能在泰山举行祭祀大典的原因。臣不拿远的历史作比喻，就拿人来说吧。有人长期患病疼痛，根本不能负担什么，进行治疗后即将痊愈，但仅剩一副皮骨，便想叫他背一石米，日行百里，这肯定是不可能的。隋朝祸乱，不止十年，陛下是治理这个祸乱的良医，百姓疾苦虽已解除，天下已经平安，但没有得到充实，就要祭天地报告大功告成，微臣私下有所疑虑。况且陛下东祭泰山，万国群臣

全都聚集，边远蛮荒之地，也都得派人赶来。但如今从伊水、洛水向东，直抵东海、泰山，草莽大泽，茫茫千里，人烟断绝，鸡犬之声不闻，沿途萧条冷落，到处是艰难险阻。难道陛下愿意让那些四方藩邦君臣看到我们的虚弱之状吗？竭尽财力赏赐，也不能满足远方来人的期望；连年免除赋税劳役，也不能抵偿当地百姓的劳苦。如果碰上水旱风雨之灾，民怨沸腾、怨声载道，就是后悔也来不及了。这不仅仅是为臣独有的诚恳想法，也是社会上人们的舆论呼声。”太宗称赞这番话讲得很有道理，于是停止了泰山祭祀天地之举。

【原文】

贞观七年，蜀王[①]妃父杨誉，在省竞婢，都官郎中[②]薛仁方留身勘问，未及予夺。其子为千牛[③]，于殿庭陈诉云：“五品以上非反逆不合留身，以是国亲，故生节目，不肯决断，淹留岁月。”太宗闻之，怒曰：“知是我亲戚，故作如此艰难。”即令杖仁方一百，解所任官。魏征进曰：“城狐社鼠皆微物，为其有所凭恃，故除之犹不易。况世家贵戚，旧号难理，汉、晋以来，不能禁御，武德之中，以多骄纵，陛下登极，方始萧条。仁方既是职司，能为国家守法，岂可枉加刑罚，以成外戚之私乎！此源一开，万端争起，后必悔之，将无所及。自古能禁断此事，惟陛下一人。备豫不虞，为国常道，岂可以水未横流，便欲自毁堤防？臣窃思度，未见其可。”太宗曰：“诚如公言，向者不思。然仁方辄禁不言，颇是专权，虽不合重罪，宜少加惩肃。”乃令杖二十而赦之。

【注释】

①蜀王：唐太宗第六子李愔。

②都官郎中：刑部高级官员。掌配役徒隶，簿录俘囚。

③千牛：左右千牛卫将军，掌管宫殿侍卫及供御仪仗。

【译文】

贞观七年，蜀王之妃的父亲杨誉，在地方上争抢奴婢，都官郎中薛仁方将其拘留查问，还未进行判决。杨誉的儿子当时任千牛卫将军，在朝廷殿堂上陈述说：“五品以上的官吏若不是叛逆，不应该给以拘留，因臣父是皇亲国戚，薛仁方在这个问题上横生枝节，没有迅速决断，拖延至今。”太宗听说有这样的事，生气地说：“明知是我的亲戚，故意如此刁难。”于是马上命令杖打薛仁方一百板，免去其官职。魏征进谏说：“城墙洞里的狐狸，社坛中的老鼠，都是微小的动物，但因为他们有所依靠，所以很难除掉。何况高门大族、皇亲国戚，自古以来实难处理。汉晋以来，这种事情不能控制。武德年间，很多人因此骄奢淫逸。陛下继位以来，才开始有所减少。薛仁方既然是履行职责，坚守国家法规，怎能对他枉加刑罚而成全外戚的私欲呢！这个头一开各种事端会争相而起，陛下以后必定会后悔，到时恐怕也无法补救。自古以来，能够禁止这种事情的，只有陛下一人。事先预防难以预料之事，是治国的常道，怎么可以因为水没有横流而自己毁掉堤坝呢？臣下这样考虑，未见得可行。”太宗说：“确实如你所说，以前没有考虑过这类问题。然而薛仁方这样拘禁官员，不向上面请示，这是专权，虽然不该定重罪，亦应稍加惩戒。”就命令打薛仁方二十杖而给以赦免。

【原文】

贞观八年，左仆射房玄龄、右仆射高士廉于路逢少府监[1]窦德素，问北门近来更何营造。德素以闻。太宗乃谓玄龄曰："君但知南衙[2]事，我北门少有营造，何预君事？"玄龄等拜谢。魏征进曰："臣不解陛下责，亦不解玄龄、士廉拜谢。玄龄既任大臣，即陛下股肱耳目，有所营造，何容不知？责其访问官司，臣所不解。且所为有利害，役工有多少，陛下所为善，当助陛下成之，所为不是，虽营造，当奏陛下罢之。此乃君使臣、臣事君之道。玄龄等问既无罪，而陛下责之，臣所不解；玄龄等不识所守，但知拜谢，臣亦不解。"太宗深愧之。

【注释】

①少府监：唐朝中央主管营造建筑的长官。

②南衙：唐朝时，中央政府机构都在宫城以南的皇城，所以称宰相办公的地方为南衙。

【译文】

贞观八年，左仆射房玄龄、右仆射高士廉在路上遇到少府监窦德素，问他北门近来在营造什么。窦德素将这件事报告给太宗。太宗对房玄龄说："你只主持南衙里的事，我北门稍有所营造，你何必要干预此事？"房玄龄等人叩头谢罪。魏征进谏说："臣不理解陛下为何要指责他们，也不理解房玄龄、高士廉为何要谢罪。玄龄身为朝廷大臣，就是陛下的手足耳目，有所营造，为什么不让他们知道呢？指责他们询问有关官吏，这是臣所不理解的。况且所兴建的有利还是有害，用工是多还是少，他们应该询问有关官署。陛下所干的是善事，他们应该协助陛下完成，如果陛下干的不对，即使已在营建，他们应当上奏阻止。这是君使用臣、臣侍奉君的正道。玄龄等查问既然无罪，而陛下加以指责，这是臣所不理解的；玄龄等人不懂得自己的职守，只知叩拜谢罪，臣也无法理解。”太宗在这件事上深感惭愧。

【原文】

贞观十一年，所司奏凌敬乞贷之状，太宗责侍中魏征等滥进人。征曰：“臣等每蒙顾问，常具言其长短。有学识，强谏诤，是其所长；爱生活，好经营，是其所短。今凌敬为人作碑文，教人读《汉书》，因兹附托，回易求利，与臣等所说不同。陛下未用其长，惟见其短，以为臣等欺罔，实不敢心伏。”太宗纳之。

【译文】

贞观十一年，有关官署向太宗报告凌敬经常向人借贷，太宗指责魏征等人胡乱推荐人。魏征说：“臣等每蒙陛下询问，都详细地讲到了凌敬的长处和不足。有学识、敢于诤谏是他的长处；爱吃喝，喜好经营，是他的短处。现在凌敬替人写碑文，教人读《汉书》，以此作为依托，交换求利，这与我们所说的不同。陛下未用其长，却只看到他的短处，认为我们蒙蔽您，实在是不能使人心服的。”太宗采纳了他的谏言。

君臣鉴戒第六

【题解】

《君臣鉴戒》篇是引用历史的经验教训，说明“君臣本同治，共安危，若主纳忠谏，臣进直言，斯故君臣合契，古来所重”的道理。唐太宗还强调了“君失其国，臣亦不能独全其家”的利害关系，隋炀帝虽无道，但“臣下亦不尽心”，“惟行谄佞，苟求悦誉”。

【原文】

贞观四年，太宗论隋日。魏征对曰：“臣往在隋朝，曾闻有盗发，炀帝令於士澄捕逐。但有疑似，苦加拷掠，枉承贼者二千余人，并令同日斩决。大理丞[1]张元济怪之，试寻其状。乃有六七人，盗发之日，先禁他所，被放才出，亦遭推勘，不胜苦痛，自诬行盗。元济因此更事究寻，二千人内惟九人逗遛不明。官人有谙识者，就九人内四人非贼。有司以炀帝已令斩决，遂不执奏，并杀之。”太宗曰：“非是炀帝无道，臣下亦不尽心。须相匡谏，不避诛戮，岂得惟行谄佞，苟求悦誉？君臣如此，何得不败？朕赖公等共相辅佐，遂令囹圄空虚。愿公等善始克终，恒如今日！”

【注释】

①大理丞:大理寺是掌管国家刑狱的机构,大理丞是这个机构的重要官员。

【译文】

贞观四年,太宗和大臣们议论隋朝统治时的事。魏征发表看法说:"以前臣下在隋朝,曾听说有盗窃案发生,炀帝派於士澄追捕。於士澄只要发现可疑之人,就严加拷打逼供,这样被迫屈打成招承认自己是盗贼的达两千多人,并且隋炀帝下诏在同一天斩首。当时大理丞张元济很怀疑这件事,试着寻访调查。调查中发现竟有六七人在盗窃案发生的那天已关押在别的地方,盗窃案发生后才放出来,可他们同样遭到审问,经受不住皮肉之苦,自己诬说为盗贼。张元济就进一步调查穷究,结果被捕的人中只有九人对自己的行踪交待不清楚。就是在这九人当中,又有四人官吏们早就认识,肯定不会是盗贼。有关官署认为隋炀帝已经下令斩首,于是并未坚持上奏,一块儿杀掉了这两千人。"太宗认为:"这不仅仅是隋炀帝无道,作为臣下的也没有尽心尽

责。朝廷大臣须匡扶进谏，要不怕杀身之祸，怎能只靠谄媚取幸皇帝，来求得自己一时的高兴和声誉呢？君臣之间的关系如果像这样，怎能不败呢？我依靠你们共同辅佐配合，所以才使得牢狱空荡。希望你们能善始善终，永远和现在一样！”

【原文】

贞观十七年，太宗谓侍臣曰：“自古草创之主，至于子孙多乱，何也？”司空房玄龄曰：“此为幼主生长深宫，少居富贵，未尝识人间情伪，治国安危，所以为政多乱。”太宗曰：“公意推过于主，朕则归咎于臣。夫功臣子弟多无才行，藉祖父资荫[①]遂处大官，德义不修，奢纵是好。主既幼弱，臣又不才，颠而不扶，岂能无乱？隋炀帝录宇文述在藩之功，擢化及[②]于高位，不思报效，翻行弑逆[③]。此非臣下之过欤？朕发此言，欲公等戒勖子弟，使无愆过，即家国之庆也。”太宗又曰：“化及与玄感[④]，即隋大臣受恩深者子孙，皆反，其故何也？”岑文本对曰：“君子乃能怀德荷恩，玄感、化及之徒，并小人也。古人所以贵君子而贱小人。”太宗曰：“然。”

【注释】

①资荫：封建社会选拔官吏的一种制度，祖辈、父辈做了大官，不管子孙有无才德，都可以做官。

②化及：即宇文化及，隋相宇文述的儿子，深受隋炀帝宠信，后在江都发动兵变，杀死炀帝。

③弑逆：指臣下杀死自己的君主。

④玄感：隋相杨素之子，初为隋朝大将，后在黎阳发动兵变，围攻东都，兵败身死。

【译文】

贞观十七年，太宗对侍臣们说："自古以来开创基业的君主，全都兢兢业业，有所作为，可是一传到他们的子孙后代，却多数发生祸乱，这是什么缘故？"司空房玄龄说："这是因为幼主生长在深宫，从小就处在富贵之中，未曾知道人世间的真情伪饰，更不懂得治国的安危，所以这些人治政多祸乱。"太宗说："你所说的意思是将此责任归咎于君主，我则认为罪责在于臣下。那些功臣的子弟无才无德，凭借祖辈、父辈的功绩而身居高官，不修身养性，只喜好奢侈放纵。君主幼弱臣下又不才，危难之时不能匡扶，怎么能不乱呢？隋炀帝深记宇文述在自己当晋王时的功劳，提拔他儿子宇文化及为高官显位，宇文化及不思报效之恩，反而杀隋炀帝于江都，这难道不是臣下的罪过吗？我之所以说这样的话，希望你们告诫勉励自己的子弟，要他们好自为之，不要犯什么过错，这样对家对国都是值得庆幸的好事。"太宗又说："宇文化及和杨玄感，都是隋朝大臣中受恩最多的子孙，后来都谋反，这是什么缘故？"中书令岑文本回答说："君子才会感恩戴德，杨玄感、宇文化及之流，都是一些无耻小人。正因为如此，古人尊重君子而鄙视小人。"太宗说："说得很对。"

择官第七

【题解】

《择官》篇阐述了“致安之本，惟在得人”的思想和具体办法。主管大臣要把择官用人作为大事抓起来，同时要重视从中央到地方各级官吏的选拔，因为这些地方长官直接关系到国家治理和天下的太平。太宗说：“朕居深宫之中，视听不能及远，所委者惟都督、刺史，此辈实治乱所系，尤须得人。”所选官员要讲究质量，务求称职，必须才行俱备。

【原文】

贞观元年，太宗谓房玄龄等曰：“致治之本，惟在于审。量才授职，务省官员。故《书》称：‘任官惟贤才。’又云：‘官不必备，惟其人。’若得其善者，虽少亦足矣；其不善者，纵多亦奚为？古人亦以官不得其才，比于画地作饼，不可食也。《诗》曰：‘谋夫孔多，是用不就。’又孔

子曰：'官事不摄，焉得俭？'且'千羊之皮，不如一狐之腋。'此皆载在经典，不能具道。当须更并省官员，使得各当所任，则无为而治矣。卿宜详思此理，量定庶官员位。"玄龄等由是所置文武总六百四十员。太宗从之，因谓玄龄曰："自此倘有乐工杂类，假使术逾侪辈者，只可特赐钱帛以赏其能，必不可超授官爵，与夫朝贤君子比肩而立，同坐而食，遗诸衣冠以为耻累。"

【译文】

贞观元年，太宗对房玄龄等人说："达到治理的根本，关键在于审慎。量才授职，定要认真审查官员。所以《尚书》说：'任官只凭其贤德和才能。'还说：'官职不必先设置，关键在于有没有这样的人选。'如果能得到贤良之才，即使很少也足够了；那些无德无才之人，即使再多又有什么用呢？古人都认为设置了官职而没有合适的人选，如同画饼充饥，无济于事。《诗经》中讲：'谋士虽然很多，但却毫无成就。'孔子也说：'国家大事不能得到处理，国家怎么能得到治理呢？'还有'千羊之皮，不如一狐之腋。'这些都在经典中加以记载，不便一一细述。我朝当须进一步裁减冗员，使得每个官吏各适其所，就可以达到无为而治的目的。你应该详细地考虑其中的道理，评量和制定各级官署的员额和职责。"房玄龄等人根据太宗的建议，将朝廷文武百官共设置了六百四十员。太宗同意了这一方案，并对房玄龄等人说："从此以后，倘有乐工杂耍之类，如其技术超群，只可特殊赐予其钱财绸缎以犒赏其才能，一定不能另外授予其官爵，与那些朝中贤臣君子并肩而立，同坐而食，会使得诸位官员因此而感到受了侮辱和牵累。"

【原文】

贞观二年，太宗谓侍臣曰："朕每夜恒思百姓间事，或至夜半不寐。惟恐都督①、刺史堪养百姓以否。故于屏风上录其姓名，坐卧恒看，在官如有善事，亦具列于名下。朕居深宫之中，视听不能及远，所委者惟都督、刺史，此辈实治乱所系，尤须得人。"

【注释】

①都督：地方军政长官，掌管诸州兵马甲械、城隍、镇戍、粮廪，总判府事。

【译文】

贞观二年，太宗对侍臣们说："我每夜总是在想百姓的事，有时半夜还睡不着。我担心都督、刺史能否承担抚养百姓的担子，所以在屏风上写下他们的名字，随时观看，他们在任期间，如有善事功绩，也都详细记在他们的名下。我身居宫中，视听有所限制，唯有依靠委派各地的都督、刺史了解情况，所以这些地方长官直接关系到国家的治理和天下的太平，因此这些官吏的用人务须得当。"

【原文】

贞观三年，太宗谓吏部尚书杜如晦曰："比见吏部择人，惟取其言词刀笔，不悉其景行。数年之后，恶迹始彰，虽加刑戮，而百姓已受其弊。如何可获善人？"如晦对曰："两汉取人，皆行著乡闾，州郡贡之，然后入用，故当时号为多士。

今每年选集，向数千人，厚貌饰词，不可知悉，选司但配其阶品而已。铨简之理，实所未精，所以不能得才。”太宗乃将依汉时法令，本州辟召，会功臣等将行世封事，遂止。

【译文】

贞观三年，太宗对吏部尚书杜如晦说："近来吏部选拔人才，只取那些在言词和文笔上见长的人，并没有全面了解他们的品行。几年后，他们的恶劣行为才得以表露，虽然给他们以刑法处置，而百姓已经深受其害。怎么做才能选到完美的人士呢？”杜如晦回答说："西汉、东汉时选拔人才，选那些品德和行为都闻名于乡里的人，并由州郡推举上来，然后由朝廷选用，所以当时号称为多士。现在每年集中选拔，数千人在一起，外表看来都很忠厚，但思想品德并不外露，所以不能完全了解一个人，而有关官府只负责给他们安排官阶品位。铨选简拔的办法，大有漏洞和缺口，所以不能得到真正的有才之士。”太宗于是决定，依照汉时的选举法令，由本州征召有才之士，但正遇上在功臣中推行世袭封爵的事情，于是这个决定便停了下来。

【原文】

贞观六年，太宗谓魏征曰："古人云，王者须为官择人，不可造次[1]即用。朕今行一事，则为天下所观；出一言，则为天下所听。用得正人，为善者皆劝；误用恶人，不善者竞进。赏当其劳，无功者自退；罚当其罪，为恶者戒惧。故知赏罚不可轻行，用人弥须慎择。”征对曰："知人之事，自古为难，故考绩黜陟[②]，察其善恶。今欲求人，必须审访其行。若知其善，然后用之，设令此人不能济事，只是才力不及，不为大害。误用恶人，假令强干，为害极多。但乱世惟求其才，不顾其行。太平之时，必须才行俱兼，始可任用。”

【注释】

①造次：仓促、急忙。

②黜陟：黜指降职或罢免；陟本是登高或上升，这里指升迁。

【译文】

贞观六年，太宗对魏征说：“古人讲过，君王当须设置官府选拔人才，不能匆忙任用。我今天每办一件事，则让天下人留意观看；说任何一句话，则叫天下人听取品评。如果选拔使用了正直的人，好人会得到鼓励；如果因为失误而使用了恶人，坏人会争相为官。奖赏和功绩相符，无功者会自动离去；按其罪行进行恰当的处罚，坏人就有所畏惧。所以赏罚不能轻易执行，用人更须谨慎选择。”魏征进言说：“了解一个人，自古以来就是很难的，所以要不断地考察其业绩，观察其为人做事的善恶，以此来作为罢免和提升的依据。如今要想求得人才，必须审慎地调查他的言论和品行。如果确知其善，才可以任用，假如这个人不能成事，只说明才能上欠缺，还不至于有太大的危险。如果误用了坏人，即使其能力强，办事干练，但那危害就太大了。在乱世中用人只求有才能，顾不上他的品行。太平时期，必须选择那些才德兼备的人才可任用。”

【原文】

贞观十一年，治书侍御史刘洎以为左右丞宜特加精简，上疏曰："臣闻尚书万机，实为政本，伏寻此选，授任诚难。是以八座[①]比于文昌，二丞[②]方于管辖，爰至曹郎[③]，上应列宿，苟非称职，窃位兴讥。伏见比来尚书省诏敕稽停，文案壅滞，臣诚庸劣，请述其源。贞观之初，未有令、仆[④]，于时省务繁杂，倍多于今。而左丞戴胄、右丞魏征并晓达吏方，质性平直，事应弹举，无所回避，陛下又假以恩慈，自然肃物。百司匪懈，抑此之由。及杜正伦续任右丞，颇亦厉下。比者纲维不举，并为勋亲在位，器非其任，功势相倾。凡在官寮，未循公道，虽欲自强，先惧嚣谤。所以郎中予夺，惟事咨禀；尚书依违，不能断决。或纠弹闻奏，故事稽延，案虽理穷，仍更盘下。去无程限，来不责迟，一经出手，便涉年载。或希旨失情，或避嫌抑理。勾司以案成为事了，不究是非；尚书用便僻为奉公，莫论当否。互相姑息，惟事弥缝。且选众授能，非才莫举，天工人代，焉可妄加？至于懿戚元勋，但宜优其礼秩，或年高及耄，或积病智昏，既无益于时宜，当置之以闲逸。久妨贤路，殊为不可。将救兹弊，且宜精简尚书左右丞及左右郎中[⑤]。如并得人，自然纲维备举，亦当矫正趋竞，岂惟息其稽滞哉！"疏奏。寻以洎为尚书左丞。

【注释】

①八座：唐时尚书省的左右仆射和六部尚书的合称。

②二丞：尚书左丞、右丞。

③曹郎：尚书省六部，每部有四个司，曹郎是司的长官和副长官的统称。

④令、仆：即尚书令、左右仆射。

⑤左右郎中：左司郎中和右司郎中，分别是尚书左丞和尚书右丞的助手。

【译文】

贞观十一年，治书侍御史刘洎认为尚书左右丞的人选应特别精心挑选，上奏说："臣下知道尚书省日理万机，是施政的中枢，这里人员的选用任命，确实很不容易。所以左右仆射和六部长官好比天上文昌宫内的众星，左右二丞管辖六部，至于那些部署各司的官吏，也与天上的星宿相应，如果不称其职，就会引来讽刺和非难。近来臣看到尚书省的诏令敕令搁置下来不迅速执行，公文讼案堆积不及时处理，臣虽平庸低劣，但还是允许我陈述其中的缘由。贞观初年，没有任命尚书令和左右仆射，当时政务繁杂，几倍于今。而当时左丞戴胄、右丞魏征都通

晓治政的方略，办事公平，性格正直，事情有问题就予以指责，从不回避，加上陛下对他们信任爱护，自然使事情都得到整肃。各个部门之所以不懈怠，就是用人得当的缘故。到杜正伦接任为右丞时，也能对下面严格要求。近来之所以纲纪不整，都是因为功勋和国戚在位，他们既无才能胜任，又凭功勋依仗势力互相倾轧。其他官僚，也不能秉公办事，即使想有所作为，首先惧怕的就是流言蜚语。所以六部郎中及诸司之长，自己职权内应处理的事情仍然向上询问禀报；尚书办事也是左右为难，无法很快决断。有些纠察弹劾的案件应该上报，也故意拖延，事情虽然弄得很清楚，仍然要进一步盘问下属。公文发出去没有期限，复文来迟了也不指责，事情一经交办，就拖上一年半载。有的为了迎合上司的旨意而隐瞒实情，有的为了避嫌而不惜歪曲事理。办案的部门只求办成了事，不追究事情的是非；尚书把谄媚逢迎作为奉公，不管对错，上下和同僚之间互相姑息迁就，有了问题互相掩盖。而且选举授官，应当唯才是举，君王代替上天治理天下万事万物，怎么可以随便叫人来做？至于那些皇亲国戚功臣元勋，只能给他们优厚的礼遇，他们有的年事已高，有的疾病交加头脑昏聩，已经不能为当朝作贡献了，就应让他们退休安度晚年。让他们长期在位阻碍贤人进用，这是极不合适的。要想纠正这一弊政，先应精心挑选尚书左右丞及左右郎中。如果各级官府都用人得当，自然会使纲纪确立，这不仅是解决了文案堆积的问题，同时也矫正了趋奉权势的风气！”此奏折上达给太宗。不久，太宗任命刘洎为尚书左丞。

【原文】

贞观十三年，太宗谓侍臣曰：“朕闻太平后必有大乱，大乱后必有太平。大乱之后，即是太平之运也。能安天下者，惟在用得贤才。公等既不知贤，朕又不可遍识，日复一日，无得人之理。今欲令人自举，于事何如？”魏征对曰：“知人者智，自知者明。知人既以为难，自知诚亦不易。且愚暗之人，皆矜能伐善①，恐长浇竞之风，不可令其自举。”

【注释】

①矜能伐善：夸耀自己的能力和长处。矜、伐都是夸耀的意思。

【译文】

贞观十三年，太宗对侍臣们说：“我听说太平盛世后必有大乱，大乱之后必现太平。大乱之后，就是太平气数的到来。能安定天下者，只在于得到和使用贤德之才，你们既不了解贤者，我又不能普遍了解和认识，日复一日，年复一年，这不是求得人才的办法。今天想叫人们毛遂自荐，这种做法后果会怎样呢？”魏征回答说：“了解别人的人是聪明的，了解自己的人是明智的。了解别人是很难的，了解自己就更不容易，且愚蠢昏暗之人，都善于夸耀自己的长处，如此下去，恐怕助长追名逐利的浮夸风气，所以不能让其自我荐举。”

【原文】

贞观二十一年，太宗在翠微宫，授司农卿[①]李纬户部尚书[②]。房玄龄是时留守京城。会有自京师来者，太宗问曰：“玄龄闻李纬拜尚书，如何？”对曰：“但云‘李纬大好髭须’，更无他语。”于是改授洛州刺史[③]。

【注释】

①司农卿：唐时主管仓储粮库及京朝官禄米供应等事务的官员。

②户部尚书：户部是六部之一，掌管国家的土地户籍、赋税、财税收支等事务。尚书是户部的长官。

③刺史：唐时主管一州军政事务的官员。

【译文】

贞观二十一年，太宗在长安县的翠微宫，任命司农卿李纬为户部尚书。这时房玄龄留守京城。太宗见到从京城来翠微宫的使臣，便问道：“玄龄听到授李纬为户部尚书，有何反应？”来者回答说：“他只是说‘李纬留有漂亮的大胡须’，再没有其他的话。”因此，太宗改授李纬为洛州刺史。

封建第八

【题解】

封建是指古代帝王分封宗室建立诸侯国。唐太宗认为，赏罚不能轻率施行，按功行赏，不偏袒亲属，减少皇室分封的人数，因为“若一切封王，多给力役，乃至劳苦万姓以养己亲属”。

【原文】

贞观元年，封中书令房玄龄为邗国公，兵部尚书杜如晦为蔡国公，吏部尚书长孙无忌为齐国公，并为第一等，食邑实封一千三百户。皇从父[①]淮安王神通上言：“义旗初起，臣率兵先至，今玄龄等刀笔之人，功居第一，臣窃不服。”太宗曰：“国家大事，惟赏与罚。赏当其劳，无功者自退，罚当其罪，为恶者咸惧。则知赏罚不可轻行也。今计勋行赏，玄龄等有筹谋帷幄、画定社稷之功，所以汉之萧何，虽无汗马，指踪推毂[②]，故得功居第一，叔父于国至亲，诚无爱惜，但以不可缘私滥与勋臣同赏矣。”由是诸功臣自相谓曰：“陛下以至公，赏不私其亲，吾属何可妄诉。”初，高祖举宗正籍，弟侄、再从、三从[③]孩童已上封王者数十人。至是，太宗谓群臣曰：“自两汉已降，惟封子及兄弟，其

疏远者，非有大功如汉之贾、泽[4]，并不得受封。若一切封王，多给力役，乃至劳苦万姓，以养己之亲属。”于是宗室先封郡王其间无功者，皆降为县公。

【注释】

①从父：淮安王李神通是唐高祖的堂兄弟，是太宗的堂叔父。

②指踪推毂：“指踪”是指出野兽的踪迹叫猎狗去捕捉，这里是制定策略的意思。“推毂”是推车前进，比喻引荐人才。

③再从、三从：同祖的叫从，同曾祖的叫再从，同高祖的叫三从。

④贾、泽：指汉高祖刘邦的堂兄弟刘贾、刘泽，因为立有军功，刘贾被封为荆王，刘泽被封为燕王。

【译文】

贞观元年，太宗封中书令房玄龄为邗国公，兵部尚书杜如晦为蔡国公，吏部尚书长孙无忌为齐国公，都列为第一等，食邑实封一千三百户。这时太宗堂叔淮安王李神通对皇上说：“在太原初举义旗时，我便带兵首先赶来响应，房玄龄等只是舞文弄墨的文人，却功居第一等，我私下不服。”太宗说：“国家大事，重在赏罚分明。赏赐符合他们所建的功劳，无功的人自然会退避不争；处罚符合他们所犯的罪行，为恶的人就会感到恐惧。所以赏罚不能轻率施行。如今按功行赏，房玄龄等有运筹帷幄、策划安定社稷的功劳，正如汉代的萧何，虽没有汗马战功，但能制定策略，推荐贤能，所以功居第一。叔父是国家至亲，要封赏我当然无所吝啬，但不能因私人亲属原因，而随便和功勋之臣共同受赏。”因此功臣们互相称赞说：“陛下十分公道，赏赐不偏爱其亲属，我们这些人怎么可以无端地加以评论。”当初，唐高祖举荐皇室亲族之人，从兄弟侄儿开始，到同曾祖同高祖的亲属被封为王的达数十人之多。鉴于此，太宗对群臣们说：“自西汉、东汉以来，只封皇子和兄弟，对那些血统比较疏远的，如果不是有大功，如汉代刘贾、刘泽等，其余都不能受封。如果一切有亲属关系的都封王，那就要给他们分配更多的民力，最终导致劳苦更多的民众，来供养我们自己的亲属，这是不可取的。”于是，宗室中先前那些已封为郡王而现在无功者，都降为县公。

太子诸王定分第九

【题解】

封建王朝帝位和权势的延续和保障，必须根据儒家立嫡立长的传统做法建立一套完善的稳定的机制，为此，应该及时确定太子和诸侯王的名分和地位，以免发生争夺皇权、骨肉相残的惨剧。但是，不管唐太宗和他的臣下怎样绞尽脑汁寻找办法，皇权争夺仍然是一个威胁唐王朝的致乱之源，他们是没有办法解决的。

【原文】

贞观七年，授吴王恪齐州都督。太宗谓侍臣曰："父子之情，岂不欲常相见耶？但家国事殊，须出作藩屏。且令其早有定分[①]，绝觊觎之心，我百年后，使其兄弟无危亡之患也。"

【注释】

①定分：一定的名分。即按地位来说应享有的名分。

【译文】

贞观七年，授吴王李恪为齐州都督。太宗对侍臣们说："从父子的情感来说，岂有不希望父子常见面的呢！但是，家事和国事轻重不同，须让他驻守外地，作为国家的屏障。而且让他早一点有一定的名分，以此断绝非分的念头，待我百年之后，使他们兄弟之间没有为争权而带来的灾难。"

【原文】

贞观十一年，侍御史马周上疏曰："汉、晋以来，诸王皆为树置失宜，不预立定分，以至于灭亡。人主熟知其然，但溺于私爱，故前车既覆而后车不改辙也。今诸王承宠遇之恩有过厚者，臣之愚虑，不惟虑其恃恩骄矜也。昔魏武帝宠树陈思①，及文帝②即位，防守禁闭，有同狱囚，以先帝加恩太多，故嗣王从而畏之也。此则武帝之宠陈思，适所以苦之也。且帝子何患不富贵，身食大国，封户不少，好衣美食之外，更何所须？而每年别加优赐，曾无纪极。俚语曰：'贫不学俭，富不学奢。'言自然也。今陛下以大圣创业，岂惟处置见在子弟而已，当须制长久之法，使万代遵行。"疏奏，太宗甚嘉之，赐物百段。

【注释】

①陈思：即曹操第三子曹植，被封为陈王，死后谥思，故又称陈思王。

②文帝：指魏文帝曹丕。

【译文】

贞观十一年，侍御史马周上奏说："汉、晋以来，各帝王都因为树置继承人失当，不预先确立固定的名分，最后导致国家的灭亡。那些帝王是十分清楚其中的原因的，但出于溺爱，不吸取前车之鉴教训的大有人在。今天诸王有过分承受宠幸礼遇之恩的，臣虽愚笨，但也不得不忧虑他们依仗恩宠而骄横、显耀，甚至不可一世。过去魏武帝曹操宠幸抬高陈思王曹植，到魏文帝即位后，却对陈思王严加防范限制，如同监狱中的囚犯一般，就是因为先帝对他恩宠太多，所以继任者害怕他。这就是说魏武帝对陈思王的宠幸反变成了陈思王受害的根源。而且皇帝的儿子何愁不富贵，身封大国，食邑户数不少，除了好衣美食外，还能有什么需求的？每年另外有丰厚的赏赐，从没受到什么限制和要求。俗话讲：'贫穷者不需学节俭，富足者不需学奢侈。'这是自然而然的道理。如今陛下以大圣之才开创永久的帝业，不仅仅是为了安置现有的子弟而已。应当制订长久的法令，使后世万代遵守施行。"上奏后，太宗十分称赞他，赐予锦物百段。

【原文】

贞观十六年，太宗谓侍臣曰："当今国家何事最急？各为我言之。"尚书右仆射高士廉曰："养百姓最急。"黄门侍郎刘洎曰："抚四夷[①]急。"中书侍郎岑文本曰："《传》称：'道之以德，齐之以礼。'由斯而言，礼义为急。"谏议大夫褚遂良曰："即日四方仰德，不敢为非，但太子、诸王，须有定分，陛下宜为万代法以遗子孙，此最当今日之急。"太宗曰："此言是也。朕年将五十，

已觉衰怠。既以长子守器东宫，诸弟及庶子数将四十，心常忧虑在此耳。但自古嫡庶无良佐，何尝不倾败家国。公等为朕搜访贤德，以辅储宫[2]，爰及诸王，咸求正士。且官人事王，不宜岁久。岁久则分义情深，非意闚窬[3]，多由此作，其王府官寮，勿令过四考[4]。"

【注释】

①四夷：指边境各方的少数民族。

②储宫：即太子所居之宫，这里指太子。

③闚(kuī)窬(yú)：觊觎、窥伺。

④四考：唐朝时，每年对官吏的政绩进行一次考核以决定其升黜。四考，就是四次考核，即任职四年。

【译文】

贞观十六年，太宗对侍臣们说："现在国家最需办理的事情是什么？请都为我讲一讲。"尚书左仆射高士廉说："抚养百姓为最急之事。"

黄门侍郎刘洎说："安抚四方藩邦为最急。"中书侍郎岑文本说："《传》称：'拿德行来引导一个人，拿礼义来要求一个人。'所以实行礼义教化最为急。"谏议大夫褚遂良说："当今四方仰慕圣上之德，不敢为非作歹，但太子、诸王须有确定的名分，陛下应当制定万代之法，以流传给后代子孙，这是当今朝廷最紧要办的事。"太宗说："这话说得对。我年近五十，自己已经感觉身体在衰败，精力在懈怠。已经让太子在东宫守护国家的重器，但我的弟弟和庶子之数将近四十，我常常在这件事上忧虑。但自古以来嫡长子和庶子如果没有好的老师辅佐，也会国家倾败。你们要为我寻求贤德之人，以辅导太子。至于诸王，也要为他们访求贤良之士作为师傅。且辅佐诸王的官吏，不能和诸王待的时间太长，时间久了，情义深厚，常常由此产生非分之想。那些王府的官吏，任职期限不得超过四年。"

尊敬师傅第十

【题解】

《尊敬师傅》中的“师傅”指皇太子及诸王的师傅，“人之善恶诚由近习”，太子及诸王必须有良师益友的教导，如果能够拜贤德者为师，就能“日闻雅训，足以长仁益德”，成为圣君。唐太宗总结历史经验教训，要求大臣“访正直忠信者，各举三两人，为太子、诸王精选师傅，令其式瞻礼度，有所裨益”。并要求他的儿子们见师傅“如见我面，宜加尊敬，不得懈怠”。

【原文】

贞观六年，诏曰：“朕比寻讨经史，明王圣帝曷尝无师傅哉？前所进令遂不睹三师[①]之位，意将未可，何以然？黄帝学大颠，颛顼学录图，尧学尹寿，舜学务成昭，禹学西王国，汤学威子伯，文王学子期，武王学虢叔。前代圣王，未遭此师，则功业不著乎天下，名誉不传乎载籍。况朕接百王之末，智不同圣人，其无师傅，安可以临兆民者哉？《诗》不云乎：'不愆不忘，率由旧章。'夫不学，则不明古道，而能政致太平者未之有也。可即著令，置三师之位。"

【注释】

①三师：即太师、太傅、太保，都是教导和培养太子的高级官员。

【译文】

贞观六年，太宗下诏说："我近来查询经史典籍，以前的英名之主、圣贤之帝哪个没有师傅辅佐呢？我朝前些时颁布的诏令，始终没有设置三师的职位，我认为不能这样做，为什么这样讲呢？因为黄帝曾就学于大颠，颛顼以录图为师，唐尧向尹寿学习，虞舜专心向成昭求教，夏禹学习吸取于西王国，商汤求学并敬重子伯，周文王学子期，周武王求教于虢叔。前代的圣王，如果没遇到这样的师傅，那么他们的功业就不会留名于天下，名誉就不会永久流传并记载在史册中。何况我承接于百王之末，才智和素质比不上圣人，没有师长的辅佐引导，怎么能够统治天下管理百姓呢？《诗经》中说过：'要想不犯错误，没有过失，就得遵循往日的法度章程。'人不学习，就不明了古人治政之道，而舍此能使自己的国家达到天下太平是没有过的。所以应马上命人写诏书，设置三师的官位。"

【原文】

贞观八年，太宗谓侍臣曰："上智之人，自无所染，但中智之人无恒，从教而变，况太子师保，古难其选。成王幼小，周、召为保傅。左右皆贤，日闻雅训，足以长仁益德，使为圣君。秦之胡亥，用赵高作傅，教以刑法，及其嗣位，诛功臣，杀亲族，酷暴不已，旋踵①而亡。故知之人善恶诚由近习。朕今为太子、诸王精选师傅，令其式瞻礼度②，有所裨益。公等可访正直忠信者，各举三两人。”

【注释】

①旋踵："踵"是脚后跟。"旋踵"即转足之间，形容时间很短。

②式瞻礼度：学习礼仪法度。"式"指向某种榜样学习。"瞻"即怀着十分尊敬的心情观看。

【译文】

贞观八年，太宗对侍臣们说："圣贤之人，当然不会沾染恶习，一般的人思想行为不稳定，只有受教育才能得以转变，况且太子的师傅，古来就很难选择。周成王年幼，周公、召公做他的太保太傅，左右都是贤

人，每天能听到有益的教诲，这足以增长他的仁义道德，使他成为圣贤之君。秦二世胡亥，任用赵高做师傅，教导他用严刑酷法来治理国家，到他继位后，诛杀功臣亲族，手段残酷暴虐，结果很快就亡国了。所以人的善恶确实受身边近臣的影响。我如今要给太子、诸王精心挑选师傅，让他们敬仰学习礼仪法度，这对他们大有补益。你们可访求正直忠信的人，每人推举两三个。”

【原文】

贞观十一年，以礼部尚书王珪兼为魏王师。太宗谓尚书左仆射房玄龄曰：“古来帝子，生于深宫，及其成人，无不骄逸，是以倾覆相踵，少能自济。我今严教子弟，欲皆得安全。王珪我久驱使，甚知刚直，志存忠孝，选为子师。卿宜语泰，每对王珪，如见我面，宜加尊敬，不得懈怠。”珪亦以师道自处，时议善之也。

【译文】

贞观十一年，以礼部尚书王珪兼任魏王李泰的师傅。太宗对尚书左仆射房玄龄说：“自古帝王之子，生于深宫，成人时，没有不骄奢淫逸的，因此倾败覆亡之事接连不断，很少有能自立自强的人。我今天要严格管教自己的子弟，想让他们都能安全自保。王珪我长时间任用他，十分了解他的刚直性格，志念忠诚孝道，因此选择他为魏王的师傅。你应该告诉李泰，每次见到王珪，如同见了我一样，应当更加尊敬，不能有丝毫怠慢。”王珪也以为师之道严格要求自己，当时大家都赞赏此事。

【原文】

贞观十七年，太宗谓司徒长孙无忌、司空房玄龄曰："三师以德道人者也。若师体卑，太子无所取则。"于是诏令撰太子接三师仪注。太子出殿门迎，先拜三师，三师答拜，每门让三师。三师坐，太子乃坐。与三师书，前名惶恐，后名惶恐再拜。

【译文】

贞观十七年，太宗对司徒长孙无忌、司空房玄龄说："三师是以德行来教导太子的。如果三师地位卑微，太子就没有学习的榜样。"于是下诏编撰太子接待三师的礼节：太子要走出殿门迎接，先礼拜三师，然后三师答拜，每当过门时要让三师在前。三师坐下后，太子才能坐。写给三师的书信，前边要称"惶恐"，后边写上"惶恐再拜"。

教戒太子诸王第十一

【题解】

《教戒太子诸王》具体阐述了教戒太子诸王的办法，要不失时机地对其进行晓谕教诲，如吃饭、骑马、乘舟、树下休息等场合都可以对其进行立身、行德教育，即“常须为说百姓间利害事”，使尽知百姓艰难，告诫太子要“克己励精，容纳谏诤”。

【原文】

贞观七年，太宗谓太子左庶子[1]于志宁、杜正伦曰：“卿等辅导太子，常须为说百姓间利害事。朕年十八，犹在民间，百姓艰难，无不谙练。及居帝位，每商量处置，或时有乖疏，得人谏诤，方始觉悟。若无忠谏者为说，何由行得好事？况太子生长深宫，百姓艰难，都不闻见乎！且人主安危所系，不可辄为骄纵。但出敕云，有谏者即斩，必知天下士庶无敢更发直言。故克己励精，容纳谏诤，卿等常须以此意共其谈说。每见有不是事，宜极言切谏，会有所裨益也。”

【注释】

①太子左庶子：辅导太子的高级官员。

【译文】

贞观七年，太宗对太子左庶子于志宁、杜正伦说："你们这些人辅导太子，必须经常给他讲些维护百姓利益和损害百姓利益的事情。我十八岁时，生活在民间，百姓的艰苦，我全都知道。到了登上帝位，每逢商量处理事情，我都还会出现疏漏和失误，由于得到别人的进谏，才有所觉悟。如果没有忠心进谏的大臣对我劝说、启发，怎么能办好事情呢？何况太子生长在深宫之中，百姓的艰难困苦既看不到又听不到！再说君主的一言一行关系到国家的安危，决不能骄奢放纵。如果下一道诏令说，有敢谏诤者立即斩首，一定会出现天下官员百姓没有再敢发表正直之言的情况。所以要克制私欲振作精神，容纳别人的忠言直谏。你们必须常用这些道理和太子交谈，每当看到有不对的事情出现，应当恳切地直言劝谏，这样对他有所裨益。"

【原文】

贞观十八年，太宗谓侍臣曰："古有胎教世子，朕则不暇。但近自建立太子，遇物必有诲谕。见其临食将饭，谓曰：'汝知饭乎？'对曰：'不知。'曰：'凡稼穑艰难，皆出人力，不夺其时，常有此饭。'见其乘马，又谓曰：'汝知马乎？'对曰：'不知。'曰：'能代人劳苦者也，以时消息，不尽其力，则可以常有马也。'见其乘舟，又谓曰：'汝知舟乎？'对曰：'不知。'曰：'舟所以比人君，水所以比黎庶，水能载舟，亦能覆舟。尔方为人主，可不畏惧！'见其休于曲木之下，又谓曰：'汝知此树乎？'对曰：'不知。'曰：'此木虽曲，得绳则正，为人君虽无道，受谏则圣。此傅说[1]所言，可以自鉴。'"

【注释】

①傅说(yuè)：商朝著名的贤臣。相传他原是从事版筑的奴隶，后被商王武丁任内大臣，治理国政。

【译文】

贞观十八年，太宗对侍臣们说："古代有胎教世子的说法，以前我没时间考虑这事。但自从确立太子以来，每遇到什么事情就一定会对他进行教诲和告谕。见他准备用饭时，就问他：'你知道碗中的饭是怎么来的吗？'他回答说：'不知道。'我就告诉他：'耕种田地，收获庄稼是非常艰难辛苦的事情，全靠农民努力务农，不去占有他们的劳作时间，我们才会常有饭吃。'看到他骑马，就问他：'你了解马吗？'他回答说：'不了解。'我告诉他：'马能替人辛劳受苦，因此要使它既劳作又休息，不要使其力耗尽，这样我们才能常有马骑。'看到他乘船，我问他：'你了解船的习性吗？'他回答说：'不清楚。'于是我告诉他：'人们常把船比作国君，把水比作百姓，水可以承

载船只，也能够使船倾覆。你不久就要做君主了，不能不心怀畏惧啊！'我看到他在弯曲的树下休息，就问他：'你知道这弯曲的树如何能变直吗？'他回答说：'不知道。'我告诫他：'这棵树虽然弯曲，如果得到木工墨线的规划和进一步加工，就会成为正直有用之材，作为人君即使有时做出一些荒唐之事，但虚心接受别人的进谏就可以成为圣人，这是傅说讲的道理，可以以此作为自己的戒鉴。'"

【原文】

贞观十年，太宗谓房玄龄曰："朕历观前代拨乱创业之主，生长民间，皆识达情伪，罕至于败亡。逮乎继世守文之君，生而富贵，不知疾苦，动至夷灭。朕少小以来，经营多难，备知天下之事，犹恐有所不逮。至于荆王诸弟，生自深宫，识不及远，安能念此哉？朕每一食，便念稼穑之艰难；每一衣，则思纺绩之辛苦，诸弟何能学朕乎？选良佐以为藩弼，庶其习近善人，得免于愆过尔。"

【译文】

贞观十年，太宗对房玄龄说："我逐一观览历代拨乱创业君主的事迹，他们都在民间长大，都能明辨人世间的真伪，因此很少后来败亡的。到了继位守成之君，生在富贵的环境中，不知人情疾苦，动不动就诛杀灭族。我从小经营治理，多灾多难，完全了解天下之事，但仍然担心有想不到的地方。至于荆王诸弟，从小生在深宫皇廷。见识不会很远，怎能想到这些呢？我每次用饭，便考虑农民耕作的艰难；

每次穿衣，就念及纺纱织布的辛苦，这些皇子能向我学习吗？要选择贤良之才作为诸王的辅佐，这样他们会接近和学习善人，能在今后免于犯错误。”

【原文】

贞观十一年，太宗谓吴王恪曰：“父之爱子，人之常情，非待教训而知也。子能忠孝则善矣。若不遵诲诱，忘弃礼法，必自致刑戮，父虽爱之，将如之何？昔汉武帝既崩，昭帝[①]嗣立，燕王旦[②]素骄纵，诪张[③]不服，霍光[④]遣一折简诛之，则身死国除。夫为臣子不得不慎。”

【注释】

①昭帝：指汉武帝的儿子刘弗陵，武帝死后继位为帝。

②燕王旦：指武帝的第三子刘旦，时被封为燕王。

③诪张：狂傲骄纵。

④霍光：西汉时任大将军，汉武帝死后，受遗诏辅佐年幼的汉昭帝。

【译文】

贞观十一年，太宗对吴王李恪讲：“父爱其子，是人之常情，这不是非要接受教导后才知道的道理。儿子能尽忠尽孝当然好。如果他不遵守教诲和引导，忘掉礼仪，抛弃法令，一定会招致刑罚，即使父亲疼爱他又有什么办法呢？过去汉武帝死后，汉昭帝继位，其三子燕王刘旦平素骄横放纵，猖狂不服，当时的大将军霍光发一道玺书指责他，最终身死，封国撤除。你为人臣子，在举止言行上不能不谨慎。”

规谏太子第十二

【题解】

太子是封建王朝未来的统治者，太子教育的成败，直接关系到皇基的稳固与否，因此对太子的教育与规谏是明君贤臣十分重视的问题。《规谏太子》一文中历述秦、汉、魏、晋以来储君的善恶，要求当时的太子李承乾应懂得任贤去邪之道，明白刑罚之方，千万不要沉溺于"峻宇雕墙，甘酒嗜音"的奢靡纵逸和腐朽生活之中。

【原文】

贞观中，太子承乾[①]数亏礼度，侈纵日甚，太子左庶子于志宁撰《谏苑》二十卷讽之。是时太子右庶子[②]孔颖达每犯颜进谏。承乾乳母遂安夫人谓颖达曰："太子长成，何宜屡得面折？"对曰："蒙国厚恩，死无所恨。"谏诤愈切。承乾令撰《孝经义疏》，颖达又因文见意，愈广规谏之道。太宗并嘉纳之，二人各赐帛五百匹，黄金一斤，以励承乾之意。

【注释】

①承乾：太宗的长子李承乾，原被立为太子，后因骄纵不法、不遵礼度被废。

②太子右庶子：辅导太子的高级官员。

【译文】

贞观年间，太子李承乾多次触犯礼仪法度，奢侈放纵日甚一日，太子左庶子于志宁撰写二十卷《谏苑》规劝他。当时太子右庶子孔颖达经常犯颜进谏，承乾的乳母遂安夫人对孔颖达说："太子已经长大成人，你怎么能经常当面指责他呢？"孔颖达回答说："承蒙国家厚恩，即使死也无所遗憾。"诤言进谏更加激切。李承乾让他撰写《孝经义疏》以分散精力，孔颖达却据文表达自己的意见，更加扩大了规戒劝谏的途径。太宗对此很赞赏，赏赐两位绸缎各五百匹，黄金一斤，以此来激励皇太子李承乾努力上进。

仁义第十三

【题解】

仁义不仅是一般人立身处世的准则，也是君王治国安邦的根本。在《仁义》篇中，唐太宗和他的大臣们深深知道“古来帝王以仁义为治者，国祚延长”，为什么他们觉得仁义如此重要呢？因为“林深则鸟栖，水广则鱼游，仁义积则物自归之”。隋炀帝仗恃武库甲仗丰足，不修仁义，终于导致“群下怨叛”，身死国灭的可悲下场，这是贞观君臣们深以为戒的。

【原文】

贞观二年，太宗谓侍臣曰：“朕谓乱离之后，风俗难移，比观百姓渐知廉耻，官民奉法，盗贼日稀，故知人无常俗，但政有治乱耳。是以为国之道，必须抚之以仁义，示之以威信，因人之心，去其苛刻，不作异端，自然安静。公等宜共行斯事也。”

【译文】

贞观二年，太宗对侍臣们说：“我以前认为世道混乱，分崩离析之后，人们的风俗习惯难以改变，近来观察到百姓逐渐懂得了什么是荣辱廉耻，官员百姓都能奉公守法，盗贼和其他违法之徒一天天减少，所以得知人并没有固定不变的习俗，只是国政有治理得很好的时候，也

有混乱的时候。因此治国之道,必须用仁义来进行抚恤,展示给人们的是威望和信用,顺应民心,去掉苛刻的法令,不做异端和扰乱民心之事,顺其自然,与民休养生息,求得国家的安定。你们应当齐心协力共同推进这一事业。"

【原文】

贞观四年,房玄龄奏言:"今阅武库甲仗,胜隋日远矣。"太宗曰:"饬兵备寇虽是要事,然朕唯欲卿等存心理道,务尽忠贞,使百姓安乐,便是朕之甲仗。隋炀帝岂为甲仗不足,以至灭亡?正由仁义不修,而群下怨叛故也。宜识此心。"

【译文】

贞观四年,房玄龄上奏说:"最近检查武库中的盔甲兵器,远远胜过隋朝时候了。"太宗说:"整顿军备防范贼寇虽是重要的事,但我主要是想叫你们专心治国之道，务必各自竭尽忠贞，使百姓安居乐业，这就是我的甲胄武器。隋炀帝难道是因为武器不足而最后灭亡的吗？他正是由于不修仁义，而使得臣下和百姓怨恨和背离的缘故。你们应该理解我这个心意。”

【原文】

贞观十三年，太宗谓侍臣曰：“林深则鸟栖，水广则鱼游，仁义积则物自归之。人皆知畏避灾害，不知行仁义则灾害不生。夫仁义之道，当思之在心，常令相继，若斯须懈怠，去之已远。犹如饮食资身，恒令腹饱，乃可存其性命。”王珪顿首曰：“陛下能知此言，天下幸甚！”

【译文】

贞观十三年，太宗对侍臣们说：“树大林深，鸟禽就会栖息在这里，水域深广，就会有鱼来游息，积累了仁义，百姓就会自动归顺。人们都知道害怕、躲避灾害，却不知道施行仁义，灾害就不会产生。所以仁义之道，要时刻记在心里，要不间断地推行下去，如果有片刻松懈怠慢，就会远离仁义之道。这好比吃饭喝水是为了维持身体正常运转一样，要经常让肚子吃饱，才能维持生命。”王珪叩头说：“陛下能够深知这个道理，是天下百姓的大幸！”

忠义第十四

【题解】

孟子曰："生亦我所欲也，义亦我所欲也，二者不可得兼，舍生而取义也。"忠义之道，不仅是儒家极力推崇的价值观念，也是封建帝王对臣下的一种基本要求，因为只有臣下们对君王心存忠孝，才会在任何情况下都为自己的主子心甘情愿效劳卖命，而不会离弃背叛，所以太宗对隋朝的独孤盛、元善达、袁宪父子推崇备至。

【原文】

贞观五年，太宗谓侍臣曰："忠臣烈士，何代无之，公等知隋朝谁为忠贞？"王珪曰："臣闻太常丞[①]元善达在京留守，见群贼纵横，遂转骑远诣江都，谏炀帝，令还京师。既不受其言，后更涕泣极谏，炀帝怒，乃远使追兵，身死瘴疠之地。有虎贲郎中[②]独孤盛在江都宿卫，宇文化及起逆，盛惟一身，抗拒而死。"太宗曰："屈突通为隋将，共国家战于潼关，闻京城陷，乃引兵东走。义兵追及于桃林，朕遣其家人往招慰，遽杀其奴。又遣其子往，乃云：'我蒙隋家驱使，已事两帝，今者吾死节之秋，汝旧于我家为父子，今则于我家为仇雠[③]。'因射之，其子避走，所领士卒多溃散。通惟一身，向东南恸哭尽哀，曰：'臣荷国恩，任当将帅，智力俱尽，致此败亡，非臣不竭诚于国。'言尽，追兵擒之。太上皇[4]授其官，每托疾固辞。此之忠节，足可嘉尚。"因敕所司，采访大业[5]中直谏被诛者子孙闻奏。

【注释】

①太常丞：太常寺掌管祭祀礼乐等事宜，卿是其长官，丞是卿的助手。

②虎贲(bēn)郎中：隋朝禁卫部队的军官，虎贲是勇士的意思。

③仇雠(chóu)：仇敌。

④太上皇：指唐高祖李渊。

⑤大业：隋炀帝的年号(605—618)。

【译文】

贞观五年，太宗对侍臣们说："忠心之臣、壮烈之士，何代没有，你们知道隋朝时谁为忠贞之臣？"王珪说："臣下听说隋时的太常丞元善达在京城留守，看到当时天下群贼横生，便辗转奔驰，远涉万里赶到江

都，劝谏隋炀帝赶快回京城。隋炀帝没有采纳他的谏言，他便痛哭流涕反复极力诤谏，隋炀帝十分恼怒，派他到远地追兵，最后死在遍生瘴气的蛮荒之地。还有虎贲郎中独孤盛在江都担任宿卫时，宇文化及起兵叛乱，独孤盛只身一人顽强抵抗而死。”太宗说：“隋将屈突通，与我在潼关作战，听说京城陷落，于是引兵向东败退。义军追赶到陕州桃林，我派遣他的家奴前往招降慰问，他立刻杀死家奴。我又派他儿子招降，屈突通却对他讲：‘我曾蒙隋家恩遇并为他们驱使，已侍奉过两代皇帝，今天就是我成全节义而死之时，我们以前为父子，今天已经成为仇敌。’因此命令手下射箭，他的儿子只好退避。但是他所率领的士兵多数溃散。这时只留下屈突通一人，他向着东南放声痛哭，极度悲哀，并且说：‘臣蒙受朝廷大恩，担任将帅之职，智谋和力量完全耗尽，现在败亡，不是臣不为国竭尽诚心。’言罢，追赶的士兵活捉了他。太上皇授他官职，他每次借口有病坚决推辞。像这样的忠义气节，完全值得嘉许崇尚。”因此下令有关官府收集查访隋大业年间因直谏被杀官吏的子孙后代，并将此向朝廷奏闻。

【原文】

贞观十二年，太宗谓中书侍郎岑文本曰：“梁、陈①名臣，有谁可称？复有子弟堪招引否？”文本奏言：“隋师入陈，百司奔散，莫有留者，惟尚书仆射袁宪独在其主之傍。王世充将受隋禅②，群僚表请劝进，宪子国子司业③承家，托疾独不署名。此之父子，足称忠烈。承家弟承序，今为建昌令，清贞雅操，实继先风。”由是召拜晋王友④，兼令侍读，寻授弘文馆学士⑤。

【注释】

①梁、陈：南北朝时期南朝的梁朝、陈朝，梁朝由萧衍建立，陈朝由陈霸先建立。

②王世充将受隋禅：王世充是隋末割据势力的首领。公元618年，隋炀帝在江都被杀，王世充在洛阳拥立炀帝孙子越王杨侗为皇帝，第二年，胁迫杨侗禅位，王世充自称皇帝，国号郑。

③国子司业：国子监是主管教育的机关和最高学府，国子司业是国子监的副长官。

④晋王友：晋王，李治在被立为太子前，曾被封为晋王。友，王府的高级辅导官。

⑤弘文馆学士：弘文馆是门下省的下属机构，学士是馆里的高级官员。

【译文】

贞观十二年，太宗对中书侍郎岑文本说："梁、陈二朝有名望的大臣，有谁值得称道？他们还有子弟可以推荐任用吗？"岑文本启奏道："隋军攻入陈朝时，陈朝百官逃奔离散，只有尚书仆射袁宪独自留在陈后主身旁。王世充将要接受隋越王杨侗的禅让，百官纷纷上表劝他当皇帝，只有袁宪的儿子国子司业袁承家借口有病独不署名。这父子俩完全称得上忠烈。袁承家的弟弟袁承序，现在为建昌县令，为人清廉纯洁，有高雅的节操，确实是继承了先祖的气节。"因此太宗召见袁承序，任他为晋王友，并兼任侍读，不久，又授以弘文馆学士。

孝友第十五

【题解】

忠、孝两条，在封建社会被认为是道德的最高准则，而孝敬父母是忠君的前提和基础，当时人们说的“求忠臣于孝子之家”，就是这个道理。房玄龄侍奉继母、虞世南注重兄弟情义、史行昌省肉奉母等人的孝德，都得到了唐太宗的赞许。

【原文】

司空房玄龄事继母，能以色养[①]，恭谨过人。其母病，请医人至门，必迎拜垂泣。及居丧，尤甚柴毁[②]。太宗命散骑常侍[③]刘洎就加宽譬，遗寝床、粥食、盐菜。

【注释】

①色养：顺从父母的脸色侍奉父母。

②柴毁：羸瘦得像柴一样。
③散骑常侍：唐时在皇帝左右规谏过失、作为皇帝顾问的高级官吏。

【译文】

司空房玄龄侍奉继母，能够顺从脸色，比一般人都重要恭敬谨慎。继母生病时，请医生上门，他每次都流泪迎拜。在为继母守丧的时候，他由于悲伤过度，面容憔悴，骨瘦如柴。太宗因此命散骑常侍刘洎前往宽慰劝勉房玄龄，并赠送寝床、粥食、盐菜等用具和食物。

【原文】

虞世南，初仕隋，历起居舍人[①]。宇文化及杀逆[②]之际，其兄世基时为内史侍郎[③]，将被诛，世南抱持号泣，请以身代死，化及竟不纳。世南自此哀毁骨立者数载，时人称重焉。

【注释】

①起居舍人：记录皇帝言行的官员。
②宇文化及杀逆：指宇文化及杀死隋炀帝。
③内史侍郎：内史省即中书省，侍郎是这个机构的副长官。

【译文】

虞世南起初在隋朝做官，任起居舍人。宇文化及杀死隋炀帝时，他的哥哥虞世基任内史侍郎，将要被杀，虞世南抱着哥哥号啕痛哭，并请求自己代替哥哥去死，宇文化及不同意。虞世南从此异常悲痛，有好几年瘦得只剩一副骨架，人们对他的这一段行为都很称赞，并且敬重他。

【原文】

贞观中，有突厥史行昌直玄武门，食而舍肉，人问其故，曰：“归以奉母。”太宗闻而叹曰：“仁孝之性，岂隔华夷？”赐尚乘马①一匹，诏令给其母肉料。

【注释】

①尚乘马：御马。尚乘局是管理皇室用马的机构。

【译文】

贞观年间，有个突厥人叫史行昌，在玄武门担任守卫，他吃饭的时候将肉留下，别人问他为什么这样做，他回答说：“带回家给母亲吃。”太宗听说后感叹地说：“仁爱孝敬的品行，难道有华夏和夷狄的区别吗？”于是赏赐他一匹御马，并下令供给他母亲肉食。

公平第十六

【题解】

《公平》篇主要阐述的是帝王在用人时应遵循“惟才行是任”、不徇私情的原则。比如说，一个人如果没有才能，不能因是故旧而先用；不能因是皇亲国戚而扰乱天下大法；不能因是秦府旧兵而全都授以武职等。这篇特别有借鉴意义的是：依法办事，国法高于个人的权威，这对一个封建皇帝来说是难能可贵的。

【原文】

太宗初即位，中书令房玄龄奏言：“秦府[①]旧左右未得官者，并怨前宫[②]及齐府[③]左右处分之先已。”太宗曰：“古称至公者，盖谓平恕无私。丹朱、商均，子也，而尧、舜废之。管叔、蔡叔，兄弟也，而周公诛之。故知君人者，以天下为公，无私于物。昔诸葛孔明，小国之相，犹曰‘吾心如称[④]，不能为人作轻重，’况我今理大国乎？朕与公等衣食出于百姓，此则人力已奉于上，而上恩未被于下，今所以择贤才者，盖为求安百姓也。用人但问堪否，岂以新故异情？凡一面尚且相亲，况旧人而顿忘也！才若不堪，亦岂以旧人而先用？今不论其能不能，而直言其嗟怨，岂是至公之道耶？”

【注释】

①秦府：秦王府，李世民被立为太子前，曾被封为秦王，所以他居住的地方叫秦府。

②前宫：太子宫，即曾被立为太子的李建成居住的地方。

③齐府：齐王府，指齐王李元吉住的地方。

④称：同“秤”。

【译文】

太宗刚即位，中书令房玄龄上奏说：“秦王府中没有封官的旧日僚属，都抱怨前太子宫和齐王府的部下比自己先安排了官职。”太宗说：“古代所讲的大公无私，指的就是公平、仁爱、正直、无私。丹朱、商均，分别是尧、舜的儿子，尧舜却把他们废掉了。管叔、蔡叔，是周公的兄弟，周公却把他们杀了。由此可知，以天下为公的君主，对任何事物都不会偏私。过去诸葛孔明担任小国的丞相，尚且这样讲‘我的心像秤一样公平，不会因人偏轻偏重’。何况我现在治理的是大国呢？我与你们的衣食均来自百姓，这说明百姓的力量已敬奉于上，而上面的恩惠并未润泽于下，今天之所以选择贤才，目的就是安抚百姓。任用人才只问他能否胜任，怎能以是新交还是故旧为标准呢？凡是有一面之交的人尚且感到亲近，何况是旧日的僚属，怎能一下子忘记呢？一个人如果没有什么才能，怎能因他是故旧而优先使用呢？现在不论他们有没有才能，而只说他们有怨言，这难道是公平的吗？”

【原文】

贞观元年，有上封事[①]者，请秦府旧兵并授以武职，追入宿卫。太宗谓曰：“朕以天下为家，不能私于一物，惟有才行是任，岂以新旧为差？况古人云：‘兵犹火也，弗戢[②]将自焚。’汝之此意，非益政理。”

【注释】

①封事：密封的奏章。

②戢：停止、止息。

【译文】

贞观元年，有人呈上密封的奏章，请求把秦府中旧有的兵士全都授予武官的职位，调入宫城担任警卫。太宗说道：“我以天下为家，对

任何人都不能存有私心，只要德才兼备的就可任用，怎能按新人、故旧来区别呢？何况古人说过：‘兵如火，若不止息必将自焚。’你的这种意见，对治理国家没有好处。”

【原文】

贞观元年，吏部尚书长孙无忌尝被召，不解佩刀入东上阁门，出阁门后，监门校尉[①]始觉。尚书右仆射封德彝议，以监门校尉不觉，罪当死，无忌误带刀入，徒二年，罚铜二十斤。太宗从之。大理少卿[②]戴胄驳曰：“校尉不觉，无忌带刀入内，同为误耳。夫臣子之于尊极，不得称误，准律云：‘供御汤药、饮食、舟船，误不如法者，皆死。’陛下若录其功，非宪司[③]所决；若当据法，罚铜未为得理。”太宗曰：“法者非朕一人之法，乃天下之法，何得以无忌国之亲戚，便欲挠[④]法耶？”更令定议。德彝执议如初，太宗将从其议，胄又驳奏曰：“校尉缘无忌以致罪，于法当轻，若论其过误，则为情一也，而生死顿殊，敢以固请。”太宗乃免校尉之死。

是时，朝廷大开选举，或有诈伪阶资者，太宗令其自首，不首，罪至于死。俄有诈伪者事泄，胄据法断流以奏之。太宗曰：“朕初下敕，不首者死，今断从法，是示天下以不信矣。”胄曰：“陛下当即杀之，非臣所及，既付所司，臣不敢亏法。”太宗曰：“卿自守法，而令朕失信耶？”

胄曰："法者，国家所以布大信于天下，言者，当时喜怒之所发耳。陛下发一朝之忿，而许杀之，既知不可，而置之以法，此乃忍小忿而存大信，臣窃为陛下惜之。"太宗曰："朕法有所失，卿能正之，朕复何忧也！"

【注释】

①监门校尉：唐时设置左右监门卫，掌管宫殿门禁，校尉是次于将军的军官。

②大理少卿：大理寺主管刑狱，少卿是这个机构的副长官。

③宪司：司法机关。

④挠：扰乱。

【译文】

贞观元年，吏部尚书长孙无忌曾经被太宗召见入宫，没有解下佩刀就进入了东上阁门，等到出了阁门以后，监门校尉才发觉。尚书右仆射封德彝上奏，认为监门校尉没有发觉，应当判处死罪；长孙无忌误带刀具入宫，应判处二年徒刑，罚铜二十斤。太宗同意了封德彝的意见。大理少卿戴胄反驳说："监门校尉没有发觉，和长孙无忌佩戴刀具入宫，同样都是失误。臣下在皇帝面前的一举一动，不能有任何失误，按照法律所讲：'供奉皇帝汤药、饮食、舟船者，如果没有按照法律办事，有所失误的，都要定为死罪。'陛下如果认为长孙无忌有功，那就不是执法部门所能决定的；如果依据法律，以罚铜来判决是没有道理的。"太宗说："法不是我一个人的法，而是天下所有人的法，怎能因长孙无忌是皇亲国戚而歪曲扰乱法令呢？"于是命令重新审议此案。封德彝仍然坚持自己原来的意见，太宗也准备同意，戴胄又上奏反驳道："校尉是因为长孙无忌而被治罪的，按照法令应当从轻，如果论他们的过错，情节是一样的，而定罪却生死大异，所以臣坚持为校尉请脱。"太宗于是免除了校尉的死罪。

当时，朝廷大开选拔荐举之门，其中有人伪造官阶资历，太宗命令他们自首，若不自首，便判处死刑。不久，有伪造官阶资历的事情泄露了，戴胄根据法律判处流放并上奏太宗。太宗说："我刚下过敕令，不自首判处死刑，今天你却按原来的法律来断案，这是让我失信于天下。"戴胄说："陛下若当时立即把他杀掉，那不是臣的权力所能管得到的，既然已经交付主管部门，臣就不敢违背法律。"太宗说："你自己倒是奉公守法，却让我失去信义吗？"戴胄回答说："法令，就是国家向天下宣布的最大信义，而言语只是一时的喜怒发泄，陛下当时是由于一时的愤怒，而说杀死这些人，后来已经知道这样做不对，还是用法律来处理这件事，这是克制小怒而存大信，臣私下为陛下珍惜这一点。"太宗说："我在执法上有所失误，你能纠正我的过失，我还有什么可以担忧的呢！"

【原文】

贞观二年，太宗谓房玄龄等曰："朕比见隋代遗老，咸称高颎[1]善为相者，遂观其本传，可谓公平正直，尤识治体，隋室安危，系其存没。炀帝无道，枉见诛夷，何尝不想见此人，废书钦叹！又汉、魏已来，诸葛亮为丞相，亦甚平直，尝表废廖立、李严于南中，立闻亮卒，泣曰：'吾其左衽[2]矣！'严闻亮卒，发病而死。故陈寿[3]

称：‘亮之为政，开诚心，布公道，尽忠益时者，虽仇必赏；犯法怠慢者，虽亲必罚。’卿等岂可不企慕及之？朕今每慕前代帝王之善者，卿等亦可慕宰相之贤者，若如是，则荣名高位，可以长守。”玄龄对曰：“臣闻理国要道，在于公平正直，故《尚书》云：‘无偏无党，王道荡荡。无党无偏，王道平平。’又孔子称‘举直错诸枉④，则民服’。今圣虑所尚，诚足以极政教之源，尽至公之要，囊括区宇，化成天下。”太宗曰：“此直朕之所怀，岂有与卿等言之而不行也？”

【注释】

①高颎(jiǒng)：隋朝贤相，因忠谏而被隋炀帝冤杀。

②左衽(rèn)：衽是衣襟，有的少数民族衣襟开在左边，所以常把左衽视为被异族统治，意为亡国。

③陈寿：晋人，《三国志》的作者。

④举直错诸枉：举荐正直的人，摒弃奸邪的人。错，废弃。

【译文】

贞观二年，太宗对房玄龄等人说：“我近来见到隋代遗留下来的老臣，都称道高颎是一个好的宰相，于是观看高颎传记，传中称此人公平正直，特别懂得治国之道，他的存亡，直接关系到隋朝的安危。隋炀帝荒淫无道，高颎被冤枉诛杀。我何尝不想见到这样的人，不由得放下书来对他钦佩叹服！还有，汉、魏以来，诸葛亮做丞相，也十分公平正直，曾上表把廖立、李严罢官放逐到南中，后来廖立听说诸葛亮死了，

哭着说：'我们将要亡国了！'李严听说诸葛亮去世，哀痛致病而死。所以陈寿说：'诸葛亮治理国政，开诚心，布公道，尽忠国家，在当时做了很多有益于国家的事情，虽是仇人，只要他做了有利于国计民生的事就受到奖赏；对违反法纪玩忽职守的人，即使是亲人也严惩不贷。'这样的人难道不值得你们去仰慕和学习吗？如今我常常仰慕前代那些贤德的君主，你们也应该仰慕那些贤相良臣，如果我们能做到这样，就可以名声荣耀，地位高贵，长久被人们颂扬。"房玄龄对太宗讲："臣下听说，治理国家重要的一条，在于公平正直，所以《尚书》说：'不结党营私，君王之道坦坦荡荡。不拉帮结派，君王之道平平坦坦。'还有孔子说：'举荐正直的人，废弃那些邪枉的人，百姓就会心服归顺。'今天圣上所推崇的，的确是想穷极政治教化的本源，搜尽至公之道的要领，并使这些普及四海，感化而成就天下。"太宗说："这正是我所向往的，哪有只和你们谈论而不去实行的道理？"

【原文】

刑部尚书张亮坐谋反下狱，诏令百官议之，多言亮当诛，惟殿中少监[1]李道裕奏亮反形未具，明其无恶。太宗既盛怒，竟杀之。俄而刑部侍郎有阙[2]，令宰相妙择其人，累奏不可。太宗曰：“吾已得其人矣。往者李道裕议张亮云‘反形未具’，可谓公平矣。当时虽不用其言，至今追悔。”遂授道裕刑部侍郎。

【注释】

①殿中少监：殿中省主管皇帝的饮食、医药、服饰、车马等事务，监是长官，少监是副长官。

②刑部侍郎有阙：刑部是六部之一，主管国家的司法刑狱，尚书是长官，侍郎是副长官。阙，同“缺”。

【译文】

刑部尚书张亮因涉嫌谋反而被捕入狱,太宗下令文武百官审议定罪,其中多数人都认为张亮该杀,只有殿中少监李道裕上奏,说张亮造反的证据不足,应该判他无罪。太宗在盛怒之下,最终杀了张亮。不久刑部侍郎空缺,命令宰相精心挑选合适的人选,宰相屡次推荐的人选均不合太宗意。后来太宗说:"我已找到了合适的人选。以前李道裕曾对张亮一案表示了异议,应该说是公正的。当时没有采纳他的意见,至今追悔不已。"于是授李道裕为刑部侍郎。

【原文】

贞观初,太宗谓侍臣曰:"朕今孜孜求士,欲专心政道,闻有好人,则抽擢驱使。而议者多称'彼者皆宰臣亲故',但公等至公,行事勿避此言,便为形迹。古人'内举不避亲,外举不避仇',而为举得其真贤故也。但能举用得才,虽是子弟及有仇嫌,不得不举。"

【译文】

贞观初年,太宗对侍臣们说:"我今天孜孜不倦地访求有识之士,想要专心一意地治理好国家。只要听说有贤德之人,总是提拔任用他们。而有些人议论说'这些人都是宰相大臣们的亲属故旧'。但我相信你们是公道的,你们办事不要因躲避这些言语而有所犹豫。古人都能做到'内举不避亲,外举不避仇',这正是他们能荐举并得到贤者的缘故。只要能荐举任用有才之士,即使是自己的子弟或者是有仇的人,都应该荐举。"

诚信第十七

【题解】

《诚信》篇论述的是君要对臣讲诚信。唐太宗驳斥了“佯怒以试群臣”的建议，并说：“流水清浊，在其源也。君者政源，人庶犹水，君自为诈，欲臣下行直，是犹源浊而望水清，理不可得。”“欲使大信行于天下，不欲以诈道训俗。”用诚信来协调人们之间的相互关系，这也是我们当今社会应该提倡的。

【原文】

贞观初，有上书请去佞臣[1]者，太宗谓曰：“朕之所任，皆以为贤，卿知佞者谁耶？”对曰：“臣居草泽，不的[2]知佞者，请陛下佯怒以试群臣，若能不畏雷霆，直言进谏，则是正人，顺情阿旨，则是佞人。”太宗谓封德彝曰：“流水清浊，在其源也。君者政源，人庶犹水，君自为诈，欲臣下行直，是犹源浊而望水清，理不可得。朕常以魏武帝多诡诈，深鄙其为人，如此，岂可堪为教令？”谓上书人曰：“朕欲使大信行于天下，不欲以诈道训俗，卿言虽善，朕所不取也。”

【注释】

①佞臣：用花言巧语谄媚讨好皇帝的人。

②的：确实，确切。

【译文】

贞观初年，有人上书请求废掉佞幸之臣，太宗对上书人讲：“我所任用的，都应该是贤德之臣，你知道谁是佞幸之臣吗？”这个人回答说：“臣下身居山野草泽之中，不能确切知道谁是佞幸之臣，请求陛下用假装生气的办法来试验群臣，如果有能不怕雷霆之怒，直言进谏者，这就是正人君子，而那些顺应皇上旨意的，就是佞幸之人。”太宗对封德彝说：“流水是否清浊，在于水的源头。君王是治政的源头，臣民好比流水，君王自己搞欺诈行为，而叫臣下行为端正，这如同源泉浑浊而流水清澈，按理说是不能实现的。我常常认为魏武帝曹操是多诡计的人，我十分鄙视他的为人处事，像这样的君王，怎么能教育和使令臣下呢？”并对上书的人说：“我想在天下推行最大的信义，不想用欺诈的办法来教育训示臣下，你讲的虽然好，但我不能采纳。”

俭约第十八

【题解】

《俭约》篇是针对隋炀帝挥霍无度，以致“危亡之期可立待”而展开讨论的。贞观二十年间，风俗俭朴，衣无锦绣，财帛富饶，无饥寒之弊，这都是由于唐太宗提倡俭朴风俗的结果。唐太宗下令：“自王公已下，第宅、车服、婚嫁、丧葬，准品秩不合服用着，宜一切禁断。”并多次停止营造建设。大臣们大多清贫廉洁，温彦博为尚书右仆射，家境清贫没有正堂；岑文本任职中书令，其住宅低下潮湿，这都是大臣们遵循太宗教诲、身体力行的生动体现。

【原文】

贞观元年，太宗谓侍臣曰：“自古帝王凡有兴造，必须贵顺[1]物情。昔大禹凿九山，通九江，用人力极广，而无怨讟者，物情所欲，而众所共有故也。秦始皇营建宫室，而人多谤议者，为

徇其私欲，不与众共故也。朕今欲造一殿，材木已具，远想秦皇之事，遂不复作也。古人云：‘不作无益害有益’，‘不见可欲，使民心不乱。’固知见可欲，其心必乱矣。至如雕镂器物，珠玉服玩，若恣其骄奢，则危亡之期可立待也。自王公以下，第宅、车服、婚嫁、丧葬，准品秩②不合服用者，宜一切禁断。”由是二十年间，风俗简朴，衣无锦绣，财帛富饶，无饥寒之弊。

【注释】

①顺：顺从。

②准品秩：依照官阶爵位。

【译文】

贞观元年，太宗对侍臣们说：“自古帝王凡有兴建营造，必须尊重和顺应民心。过去大禹开凿九山，疏通九江，虽然使用人力很多，但没有抱怨毁谤的，这说明所做的事正是百姓所希望的，是为百姓谋福利。秦始皇营建宫室，招致百姓的咒骂议论，是因为他所建的是满足个人的私欲，而没有考虑百姓需要什么。我原本想营造一个宫殿，木材等材料都已置办齐全，后来想到秦始皇的所作所为，最终放弃了这一决定。古人说：‘不做无益的事来损害百姓有益的事。’‘天下不出现贪欲的事，民心就不会混乱。’所以帝王的贪欲和民心的混乱是连在一起的。至于精心雕刻那些仅供欣赏的器物，以及搜求珠宝、华丽服饰、玩物之类，如果任凭帝王骄奢，那么国家灭亡的日子马上就会来临。因此命令王公以下的大臣，其宅院、车马服饰以及婚嫁、丧葬的用品，严格按照品级秩爵的有关规定执行，那些不符合要求的，一切都应当下令禁绝。”这样一来二十年间，朝野上下风俗简朴，所穿服饰没有用锦绣做的，国家资财充裕，天下没有出现饥寒之苦。

【原文】

贞观二年，公卿奏曰：“依《礼》，季夏[①]之月，可以居台榭。今夏暑未退，秋霖方始，宫中卑湿，请营一阁以居之。”太宗曰：“朕有气疾，岂宜下湿？若遂[②]来请，糜费良多。昔汉文将起露台，而惜十家之产，朕德不逮[③]于汉帝，而所费多之，岂为人父母之道也？”固请至于再三，竟不许。

【注释】

①季夏：夏末。

②遂：同意，准许。

③不逮：比不上。逮，及。

【译文】

贞观二年，公卿大臣上奏说：“依照《礼记》的规定，夏末的时候，因酷热，人们可以住在亭台之内。今夏暑气未退，秋日的淫雨刚刚开始，陛下所居宫殿低下潮湿，请营造一楼阁来居住。”太宗回答说：“我有呼吸方面的疾病，难道适宜住在低矮潮湿的地方吗？但如果同意了你们的请求，那就要花费很多的财力。以前汉文帝准备兴作露台，因为吝惜花费相当于十户中等人家的财产而作罢。我的功德比不上汉文帝，而所花费的要超过他，难道是为人父母的君王应该做的吗？”虽然大臣们再三坚持这一请求，太宗最终也没有答应。

【原文】

贞观四年，太宗谓侍臣曰："崇饰宫宇，游赏池台，帝王之所欲，百姓之所不欲。帝王所欲者放逸，百姓所不欲者劳弊。孔子云：'有一言可以终身行之者，其恕乎！己所不欲，勿施于人。'劳弊之事，诚不可施于百姓。朕尊为帝王，富有四海，每事由己，诚能自节，若百姓不欲，必能顺其情也。"魏征曰："陛下本怜百姓，每节己以顺人。臣闻'以欲从人者昌，以人乐己者亡'。隋炀帝志在无厌，惟好奢侈，所司每有供奉营造，小不称意，则有峻罚严刑。上之所好，下必有甚，竞为无限，遂至灭亡。此非书籍所传，亦陛下目所亲见。为其无道，故天命陛下代之。陛下若以为足，今日不啻[1]足矣；若以为不足，更万倍过此，亦不足。"太宗曰："公所奏对甚善。非公，朕安得闻此言？"

【注释】

①不啻（chì）：不仅，不止。

【译文】

贞观四年，太宗对侍臣们说："营造雕饰宫廷馆宇，游玩欣赏荷池

台榭，这都是帝王们所喜欢的，可百姓不希望这样。帝王所想的是放纵淫逸，百姓希望的是不疲劳困弊。孔子说：‘有句话可以终身受用，那就是恕吧！自己不想干的，不要强加给别人。’这些劳苦疲惫的事情，确实不要强加在百姓身上。我尊为天子，拥有四海，任何事情都由我一人来决定。但如果能自我节制，不做那些百姓不愿干的事情，就一定能顺应民情。”魏征说：“陛下原本就爱护百姓，同情百姓，经常节制自己而顺应民情。我听说过：‘使自己的欲望顺应民情的就会昌盛，劳民伤财来博取自己欢乐的就会灭亡。’隋炀帝贪得无厌，喜欢奢侈享乐，主管部门每有供奉营造，稍有不称心，就实行严刑峻罚。帝王有所喜好，大家就会群起仿效并设法超过，这样无节制放纵淫逸，很快就会导致国家的灭亡。这不是书上记载的，而是陛下所亲眼目睹过的事实。因为隋炀帝荒淫无道，所以上天才让陛下取代他。陛下如果认为已经满足了欲望，那么现在就不仅仅是满足了。如果认为还不满足，那么即使再超过现在万倍，也不会满足。”太宗说：“你的上奏很好。如果不是你，我怎能听到这样的话？”

【原文】

贞观十六年，太宗谓侍臣曰：“朕近读《刘聪传》[1]，聪将为刘后起䳨仪殿，廷尉[2]陈元达切

谏，聪大怒，命斩之。刘后手疏启请，辞情甚切，聪怒乃解，而甚愧之。人之读书，欲广闻见以自益耳，朕见此事，可以为深诫。比者欲造一殿，仍构重阁，今于蓝田采木，并已备具，远想聪事，斯作遂止。”

【注释】

①《刘聪传》：刘聪是东晋十六国时期前赵的皇帝。《刘聪传》见旧《晋书》。

②廷尉：主管刑狱的官。

【译文】

贞观十六年，太宗对侍臣说：“我近来读《刘聪传》，刘聪准备给他的刘皇后建造鵄仪殿，廷尉陈元达痛切陈词劝谏，刘聪大怒，命令将陈元达斩首。刘皇后亲自写了奏章替陈元达求情，言辞真切感人，刘聪的怒意才逐渐缓和，而且感到很惭愧。人们读书，为的是增长见闻，使自己获得好处，我看这件事可以作为鉴戒。近来我想营造一座宫殿，并加造阁楼，现在从南田采购的木料都已齐备，但想到刘聪的那件事，就放弃了这个打算。”

【原文】

贞观十一年，诏曰：“朕闻死者终也，欲物之反真也；葬者藏也，欲令人之不得见也。上古垂风，未闻于封树①；后世贻则，乃备于棺椁②。讥僭侈者，非爱其厚费；美俭薄者，实贵其无危。

是以唐尧，圣帝也，谷林有通树之说；秦穆，明君也，橐泉无丘陇之处。仲尼，孝子也，防墓不坟；延陵，慈父也，嬴、博可隐。斯皆怀无穷之虑，成独决之明，乃便体于九泉，非徇名于百代也。洎乎阖闾违礼，珠玉为凫雁；始皇无度，水银为江海；季孙擅鲁，敛以玙璠③；桓魋④专宋，葬以石椁，莫不因多藏以速祸，由有利而招辱。玄庐既发，致焚如于夜台⑤；黄肠再开，同暴骸于中野。详思曩事，岂不悲哉？由此观之，奢侈者可以为戒，节俭者可以为师矣。朕居四海之尊，承百王之弊，未明思化，中宵战惕。虽送往之典详诸仪制，失礼之禁著在刑书，而勋戚之家多流遁于习俗，闾阎之内或侈靡而伤风，以厚葬为奉终，以高坟为行孝，遂使衣衾棺椁极雕刻之华，灵輀⑥冥器穷金玉之饰。富者越法度以相尚，贫者破资产而不逮，徒伤教义，无益泉壤，为害既深，宜为惩革。其王公以下，爰及黎庶，自今以后，送葬之具有不依令式者，仰州府县官明加检察，随状科罪。在京五品以上及勋戚家，仍录奏闻。”

【注释】

①封树：堆土作标记。

②椁(guǒ)：外棺。

③玙(yú)璠(fán)：都是美玉的名称。

④桓魋(tuí):春秋时期宋国的贵族。
⑤玄庐、夜台:都指墓穴。
⑥灵輀(ér):就是灵车。

【译文】

贞观十一年,太宗下诏说:“我听人们这样说,死亡就是人生的终结,如同事物回归自然一样;葬就是藏,就是不让人看见。上古流传下来的习俗,没有听说堆坟墓树立标记的;后世的办法,才准备了内棺外椁。讥讽僭越、奢侈,并非吝惜花费太多;提倡节俭薄葬,是为了埋葬后免遭危害。因此,唐尧虽是圣贤之帝,却葬于谷林,且在其上种植树木;秦穆公是一位英明的君主,死后却葬在橐泉宫祈年观下,并没有堆土成坟。孔子是孝子,把双亲合葬在叫防的地方,并没有堆起高高的坟墓;延陵是慈父,将儿子葬在嬴、博之间,并未葬回故里。这些人胸怀远虑,作出英明的决断,使死者能够安然地葬在地下,并不是为了在百世之后获得美名。到吴王阖闾时,违背礼制,用珠玉雕成野鸭和大

雁作为随葬品；秦始皇奢侈无度，在他墓中用水银做成江河大海；季孙在鲁国专擅朝政，用美玉装敛；桓魋在宋国专权，自造精美的石椁而葬。这些人中没有不是因为在墓里埋藏了许多财物而招致了祸害的，由于墓里有利可图而招致侮辱。有的坟墓既已发掘，随葬品都被焚烧在墓穴中；棺椁再次被打开，随葬品同尸骸一起暴露在旷野之中，仔细思量一下这些往事，难道不感到悲哀吗？由此看来，奢侈的人可以以此为戒，节俭的人也能够从中接受教益。我位居天下至尊，承接百王之弊，不明白如何教化百姓，深夜里都常常为此恐惧忧虑。虽然丧葬的礼仪制度已经在仪制中有详细的记载，违背礼制应受的处分也在刑法中写得明明白白，但是勋戚贵族之家多沿袭陈旧的习俗，民间百姓也有的因奢侈靡费而伤风败俗，用厚葬来为死者送终，堆起高大的坟墓来表示孝道，因而使死者的衣衾棺椁极尽雕刻华丽，灵车葬物全都用金玉装饰。富贵人家超越法度而相互夸耀，贫穷之家为此而倾家荡产，这样只是破坏了教化礼仪，对死者没有任何益处，为害既然如此之大，应该对此进行惩戒和革除。从今以后，自皇宫以下以至黎民百姓，送葬的器具有不依照法令礼制规定的，交与州府县官详加审查，根据情节定刑量罪。在京城五品以上官员以及功臣外戚之家，有违反这方面的规定的，都要奏报朝廷。”

【原文】

岑文本为中书令，宅卑湿，无帷帐之饰。有劝其营产业者，文本叹曰：“吾本汉南一布衣耳，竟无汗马之劳，徒以文墨致位中书令，斯亦极矣。荷俸禄之重，为惧已多，更得言产业乎？”言者叹息而退。

【译文】

岑文本担任中书令时，其住宅低下潮湿，没有装饰帷帐之类的物品。有人劝他买房置地，岑文本却深有感触地说："我本是汉水南岸的一位普通百姓，并没有立下什么汗马功劳，只是因为有些翰墨而得到了中书令这样的要职，我已经很满足了。现在接受如此优厚的俸禄，已经使我心里承受不下而常感到恐惧，怎能还谈什么买房置地呢？"听到他的这一番话，劝他的人无不赞叹着离去。

谦让第十九

【题解】

谦让是一种美德，作为一代帝王，越是谦让虚心，就越能赢得人们的尊敬，“汝惟不矜，天下莫与争能；汝惟不伐，天下莫与争功”。因此《谦让》篇中一再强调：“己之虽有，其状若无，己之虽实，其容若虚。”不仅要向那些比自己高明的人请教，也要向那些比自己才艺低、知识少的人请教，这样才能获得更多的知识和学问。作为一代君王，应该“内蕴神明，外须玄默，使深不可知”，而不可“炫耀聪明，以才陵人”。

【原文】

贞观二年，太宗谓侍臣曰：“人言作天子则得自尊崇，无所畏惧，朕则以为正合自守谦恭，常怀畏惧。昔舜诫禹曰：‘汝惟不矜，天下莫与汝争能；汝惟不伐，天下莫与汝争功。’又《易》曰：‘人道恶盈而好谦。’凡为天子，若惟自尊崇，不守谦恭者，在身倘有不是之事，谁敢犯颜谏奏？朕每思出一言，行一事，必上畏皇天，下惧群臣。天高听卑，何得不畏？群公卿士，皆见瞻仰，何得不惧？以此思之，但知常谦常惧，犹恐不称天心及百姓意也。”魏征曰：“古人云：‘靡不有初，鲜克有终。’愿陛下守此常谦常惧之道，日慎一日，则宗社永固，无倾覆矣。唐、虞所以太平，实用此法。”

【译文】

贞观二年，太宗对侍臣们说：“人们常说天子就要自我尊崇，不要畏惧什么，我则认为正因为是天子，更应该操守谦逊恭谨的态度，要常怀恐惧之感。过去舜告诫大禹说：‘你只要不骄傲，天下没有人会和你争能；你只要不夸耀，天下没有人会和你争功。’又《易经》中讲：‘为人之道在于憎恶自满而喜好谦卑。’大凡天子，如果只是自我尊崇，不操守谦恭的品节，倘若自身有不对的地方，有谁敢冒犯龙颜进谏上奏呢？我经常这样想，说一句话，办一件事，一定要上畏皇天，下惧臣民。皇天虽高但它却听取下面的反应，怎能不畏惧呢？诸位公卿士大夫都在看着天子的一言一行，又怎能不惶恐呢？这样想来，即使经常谦虚、恐惧，仍然担心不称上天之心，不符合百姓的意愿。”魏征说：“古人讲过：‘没有不会开端的，却很少能有善终的。’希望陛下能够坚守谦虚、谨慎的准则，日慎一日，则大唐的宗庙社稷会永远稳固，而不会倾覆。唐尧、虞舜统治时之所以太平，实际上用的就是这个办法。”

【原文】

贞观三年，太宗问给事中孔颖达曰："《论语》云：'以能问于不能，以多问于寡，有若无，实若虚。'何谓也？"颖达对曰："圣人设教，欲人谦光。己虽有能，不自矜大，仍就不能之人求访能事。己之才艺虽多，犹病以为少，仍就寡少之人更求所益。己之虽有，其状若无，己之虽实，其容若虚。非惟匹庶，帝王之德，亦当如此。夫帝王内蕴神明，外须玄默①，使深不可知。故《易》称'以蒙养正；以明夷莅众②'。若其位居尊极，炫耀聪明，以才陵③人，饰非拒谏，则上下情隔，君臣道乖④。自古灭亡，莫不由此也。"太宗曰："《易》云：'劳谦，君子有终，吉。'诚如卿言。"诏赐物二百段。

【注释】

①玄默：沉静寡言。

②以明夷莅众：见于《易·象传》。明夷也是卦名，是说暗主在上，明臣在下不敢显露明智。

③陵：侵犯，欺侮。

④乖：违背，不协调。

【译文】

贞观三年，太宗问给事中孔颖达说："《论语》中说'有才能的人向没有才能的人咨询，才艺多的人向才艺少的人请教，有才能要显得好像没有才能，知识充实要显得空虚。'说的是什么意思呢？"孔颖达回答说："圣贤之人设立教化，就是让人们养成谦虚礼让的风度。即使才华横溢，也不要妄自尊大，仍然要向才能比自己低下的人求教。即使多才多艺，但外表应显出缺才少艺的样子，找才艺寡少的人讨教来求得更多的知识。自己虽然有，但外表应显得无，自己虽然很充实，但外表要显得很空虚。这不仅仅是指百姓，帝王之德也应该如此。帝王内里蕴藏着高超的智慧和才能，但外部必须表现出玄深沉稳，使人看起来有深不可测的感觉。所以《易经》中说'表现得愚昧才能修养正道，不要显露明智来盛气凌人'。如果位居至尊，而炫耀其聪明，凭借才能欺凌别人，掩饰自己的过失拒绝纳谏，那么上下之间的感情就会被阻隔，这背离了应有的君臣之道。自古以来国家的灭亡，没有不是出于这样的原因。"太宗说："《易经》中讲：'勤劳谦恭，君子对此保持到底，就会大吉大利。'的确如你所讲的那样。"于是下诏赏赐孔颖达二百段锦绣。

仁恻第二十

【题解】

对臣民讲仁慈恻隐，是儒家“仁政”思想的一个重要方面。《仁恻》篇列举事例说明唐太宗的仁恻之心，太宗放出后宫及掖庭宫女三千多人，拿出御府金宝赎回百姓卖掉的子女，备太牢之礼亲临祭祀阵亡将士，为被流矢射中的右卫大将军李思摩吸吮脓血，这种种仁行善举，对一个封建帝王来说确是难能可贵的。

【原文】

贞观初，太宗谓侍臣曰：“妇人幽闭深宫，情实可悯。隋氏末年，求采无已，至于离宫别馆，非幸御之所，多聚宫人。此皆竭人财力，朕所不取。且洒扫之余，更何所用？今将出之，任求伉俪，非独以省费，兼以息人，亦各得遂①其情性。”于是后宫及掖庭②前后所出三千余人。

【注释】

①遂：顺，如意。

②掖庭：妃嫔等居住的地方。

【译文】

贞观初年，太宗对侍臣们讲：“妇人幽禁在深宫之中，情况实在值得可怜和同情。隋朝末年，隋炀帝不断在民间搜求美女入宫，致使一些皇帝根本不去居住的离宫别馆，也聚集了很多宫女。这只能消耗百姓的财力物力，我是决不会采纳效法的，况且这些宫女除了搞一些清扫之类的杂活外，还能有什么用处呢？现在准备放他们出去，任凭她们去选择配偶，这不仅可以节省费用，而且可以使百姓减轻负担，还能让她们各自满足心愿。”于是从后宫和掖庭宫放出宫女三千多人。

【原文】

贞观二年，关中旱，大饥。太宗谓侍臣曰：“水旱不调，皆为人君失德。朕德之不修，天当责朕，百姓何罪，而多遭困穷！闻有鬻男女者，朕甚悯焉。”乃遣御史大夫杜淹巡检，出御府金宝赎之，还其父母。

【译文】

贞观二年，关中一带遭了旱灾，又是一个饥荒年。太宗对侍臣们说：“水旱不能调和，这是由于人君失德造成的。我如果不修德政，上天该责怨我，老百姓有什么罪过要遭受如此多的磨难和穷困呢！听说他们有卖儿卖女的，我对此甚为怜悯。”于是派御史大夫杜淹前往巡视查看，拿出皇宫御府中的金银财宝赎回那些被卖掉的子女，并将他们归还给他们的父母。

【原文】

贞观十九年，太宗征高丽，次①定州，有兵士到者，帝御②州城北门楼抚慰之。有从卒一人病，不能进。诏至床前，问其所苦，仍敕州县医疗之。是以将士莫不欣然愿从。及大军回次柳城，诏集前后战亡人骸骨，设太牢③致祭，亲临，哭之尽哀，军人无不洒泣。兵士观祭者，归家以言，其父母曰：“吾儿之丧，天子哭之，死无所恨。”太宗征辽东，攻白岩城，右卫大将军④李思摩为流矢所中，帝亲为吮血，将士莫不感励。

【注释】

①次：驻扎。

②御：登临。

③太牢：古代的一种祭礼，祭祀时备有牛、羊、豕等祭品。

④右卫大将军：唐朝军队中的高级将领。

【译文】

贞观十九年，太宗亲率大军征伐高丽，驻扎在定州时，太宗亲自到城北门楼安抚慰问士兵们。随从的队伍中有一名士兵生病，不能前进。太宗马上下诏到他床前，询问其疾病和痛苦，并命令州县的大夫为这名士兵治病。因此，将士们没有不心甘情愿跟随太宗作战的。到大军返回柳州后，太宗下诏收集在前后战斗中阵亡将士的尸骨，设太牢礼节亲临祭祀，哭得十分悲痛，将士们无不洒泪跟着哭泣。那些在祭祀现场的士兵，回家后，把这样的场面告诉他们的父母，他们的父母讲道："我儿虽然死去，天子为他哭泣，即使死了也没什么遗憾的。"太宗征伐辽东，在攻打白岩城时，右卫大将军李思摩被乱箭射中，皇上亲自为他吮吸血，将士们没有不为此感动而受鼓励的。

慎所好第二十一

【题解】

唐太宗认为“下之所行，皆从上之所好”，“君犹器也，人犹水也，方圆在于器，不在于水。”“尧、舜率天下以仁，而人从之；桀、纣率天下以暴，而人从之。”可见君王的示范作用是多么的重要。唐太宗还认真总结历史经验教训，认为自己不能像隋炀帝那样“性好猜防，专信邪道”；像秦始皇、汉武帝那样“非分爱好，为方士所诈”。要做到“君天下者，惟须正身修德而已”。他所信奉的是“尧、舜之道，周、礼之教”。当权者能及时检点自己的行为，才能不断地调整规范自己治政的思路和方法。

【原文】

贞观二年，太宗谓侍臣曰：“古人云‘君犹器也，人犹水也，方圆在于器，不在于水。’故尧、舜率天下以仁，而人从之；桀、纣率天下以暴，而人从之。下之所行，皆从上之所好。至如梁武帝[①]父子志尚浮华，惟好释氏、老氏[②]之教；武帝末年，频幸同泰寺，亲讲佛经，百寮皆大冠高履，乘车扈从，终日谈论苦空[③]，未尝以军国典章为意。及侯景[④]率兵向阙[⑤]，尚书郎以下，多不解乘马，狼狈步走，死者相继于道路。武帝及简文[⑥]卒被侯景幽逼而死。孝元帝[⑦]在于江陵，为万纽于谨所围，帝犹讲《老子》不辍，百寮皆戎服以

听。俄而城陷，君臣俱被囚挚。庾信[8]亦叹其如此，及作《哀江南赋》，乃云：'宰衡[9]以干戈为儿戏，缙绅[10]以清谈为庙略。'此事亦足为鉴戒。朕今所好者，惟在尧、舜之道，周、孔之教，以为如鸟有翼，如鱼依水，失之必死，不可暂无耳。"

【注释】

①梁武帝：萧衍，是南朝梁朝的开创者。

②释氏、老氏：释氏指佛教，因为佛教的创始人是释迦牟尼。老氏是道教，因为道教徒都推老子为道教的创始人。

③苦空：苦和空都是佛教中经常提到的理念。

④侯景：本是东魏的将军，后投奔梁朝，不久又举兵叛乱，将梁武帝囚禁而死，最后被梁将所杀。

⑤阙：皇宫大门前面两边的楼，这里指朝廷。

⑥简文：梁武帝第三子萧纲，武帝被侯景拘囚饿死，萧纲即位，不久也被侯景所杀，简文是他的谥号。

⑦孝元帝：梁武帝第七子萧绎，在江陵即位，后被西魏擒杀，孝元是他的谥号。

⑧庾信：南北朝时著名的文学家，有《哀江南赋》等名篇传世。

⑨宰衡：宰相。

⑩缙绅：古代称官僚或做过官的人为缙绅。

【译文】

贞观二年，太宗对侍臣们说："古人讲：'君王如同器皿，百姓好比是水，水的方圆决定于器皿，并不在于水本身。'所以尧、舜以仁义来治理天下，百姓就以仁义来修养自身；桀、纣以暴虐来统治天下，百姓也跟着为非作歹。臣民所做的，都是追随上面喜好而来。至于像梁武帝父子，一心崇尚浮华，只喜好佛教、道教，武帝末年，经常驾临同泰寺，亲自讲解佛经，文武百官都戴着高帽，穿着高靴，乘车跟随，君臣们整天谈论着佛经，未把军务和国政放在心上。到侯景领兵围攻宫廷时，尚书郎以下的官僚许多人不会骑马，只得狼狈步行出逃，许多人就死在路上。武帝和简文帝终于被侯景囚禁迫害致死。孝元帝

在江陵，被万纽于谨所包围时，孝元帝仍在不断地讲解《老子》，百官们穿着战服听他解说。不久江陵被攻陷，君臣一起被捉拿囚禁。庾信对他们的行为十分感叹，于是写下了《哀江南赋》，赋中说：'宰相把军事作战作为儿戏，百官把清谈作为朝廷要略。'这事可以作为鉴戒。我如今所喜好的，只是推广尧、舜之道，实行周公、孔子的教化，我认为这好像飞鸟需要翅膀，游鱼需要水，失去了这些一定会死，所以一刻都不能没有。"

【原文】

贞观七年，工部尚书[①]段纶奏进巧人杨思齐至。太宗令试，纶遣造傀儡戏具。太宗谓纶曰："所进巧匠，将供国事，卿令先造此物，是岂百工相戒无作奇巧之意耶？"乃诏削纶阶级，并禁断此戏。

【注释】

①工部尚书：工部是六部之一，掌管山泽、屯田、工匠之事，尚书是其长官。

【译文】

贞观七年，工部尚书段纶上奏向太宗推荐一位叫杨思齐的巧匠。太宗命令杨思齐当场示范，段纶让杨思齐制作了演木偶戏的器具。太宗对段纶说："进献能工巧匠，主要是准备为国事服务，你让他制造这些东西，这难道符合告诫百工匠人不制奇巧之物的本意吗？"于是下令削去段纶的官衔，并禁止上演木偶一类的戏剧。

慎言语第二十二

【题解】

贞观群臣认为，皇帝乃“万乘之主，不可出言有所乖失”，“欲出一言，即思此一言于百姓有利益否”，“人君居四海之尊，若有亏失，如日月之蚀，人皆见之”。《慎言语》篇的选文中，把帝王的言语定在是否于百姓有利这一标准上，无疑是有积极意义的。

【原文】

贞观二年，太宗谓侍臣曰：“朕每日坐朝，欲出一言，即思此一言于百姓有利益否，所以不敢多言。”给事中兼知起居事[①]杜正伦进曰：“君举必书，言存左史[②]。臣职当兼修起居注[③]，不敢不尽愚直。陛下若一言乖于道理，则千载累于圣德，非止当今损于百姓，愿陛下慎之。”太宗大悦，赐彩百段。

【注释】

①给事中兼知起居事："给事中"是门下省的重要官员，皇帝的诏敕如有失当，给事中可以驳正。"起居事"是每天记录皇帝言行的官员。

②左史：据说周朝史官有左史、右史之分，左史记君主之言，右史记君主之行。

③起居注：由专职官员将皇帝每日的言行记录下来的文书，以备修史时用。

【译文】

贞观二年，太宗对侍臣们说："我每天上朝听政，每说一句话，都要想想这句话是否对百姓有利，所以常常不敢多讲。"给事中兼知起居事杜正伦进言说："君王的一举一动都必须进行记载，其所有的言行都保存在起居注中。我的职责是兼修起居注，不敢不尽我的忠直。陛下如果有一句话背离了人情事理，则千年万载都会有损于圣德，并不只是眼下对百姓有所损害，希望陛下能谨慎言之。"太宗十分高兴，赏赐杜正伦彩绸一百段。

【原文】

贞观八年，太宗谓侍臣曰："言语者，君子之枢机，谈何容易？凡在众庶，一言不善，则人记之，成其耻累，况是万乘之主？不可出言有所乖失。其所亏损至大，岂同匹夫？我常以此为戒。隋炀帝初幸甘泉宫，泉石称意，而怪无萤火，敕云：'捉取多少于宫中照夜。'所司遽遣数千人采拾，送五百舆于宫侧，小事尚尔，况其大乎？”魏征对曰：“人君居四海之尊，若有亏失，古人以为如日月之蚀，人皆见之，实如陛下所戒慎。”

【译文】

贞观八年，太宗对侍臣们说：“言语是涉及君主德行的关键，怎能随便草率的讲呢？就是平民百姓，有一句话不慎，别人也会记下来，成为他一生的耻辱和污点，何况是一国的君主呢？绝不能讲出失妥的话来。这样损害极大，岂能和普通人相比？我常以此为戒。隋炀帝初次驾临甘泉宫，对那里的泉水、奇石十分称意，但责怪没有萤火虫，便下令说：‘多捕捉一些萤火虫来宫里供晚上照明。’主管部门马上派几千人去捉，结果送来五百车萤火虫到宫旁。小事尚且如此，何况大事呢？”魏征对太宗说：“人君位居天下至尊的地位，若有缺陷和失误，古人认为如同日蚀、月蚀那样，天下百姓都能看到它，这种影响确实如同陛下所告诫和谨慎的那样。”

杜谗邪第二十三

【题解】

《杜谗邪》篇的选文中，唐太宗通过总结历史教训，认为谗谮之事为逆乱之源，谗佞之徒，皆国之蟊贼，因而“每防微杜渐，用绝谗构之端”，并要求朝中大臣“直臣立朝廷”，让“奸邪为之寝谋”。文中举出一些实例来应证和检验贞观群臣的这种认识，蒲州刺史赵元楷在迎谒活动中耗资求媚，被太宗严辞训诫；监察御史陈师合妄事毁谤，离间君臣关系，被流放岭南。这说明了太宗在杜绝谗邪方面是旗帜鲜明、言行一致的。

【原文】

贞观七年，太宗幸蒲州。刺史赵元楷课①父老服黄纱单衣，迎谒路左，盛饰廨宇②，修营楼雉③以求媚；又潜饲羊百余口、鱼数千头，将馈贵戚。太宗知，召而数④之曰：“朕巡省⑤河、洛，经历数州，凡有所须，皆资官物。卿为饲羊养鱼，雕饰院宇，此乃亡隋弊俗，今不可复行。当识朕心，改旧态也。”以元楷在隋邪佞，故太宗发此言以戒之。元楷惭惧，数日不食而卒。

【注释】

①课：本是征收赋税或征发劳役的意思，这里可理解为命令。

②廨宇：官署。
③楼雉："楼"是城楼。"雉"指城墙上齿形的矮墙，可作为守城时的掩体。
④数：责备，列举过错。
⑤省：察看，检查。

【译文】

贞观七年，太宗巡幸蒲州。蒲州刺史赵元楷命令父老乡亲一律穿上黄纱单衣，在路旁迎接拜谒，并大肆装饰官舍，修缮营建城楼雉堞来献媚讨好。又偷偷地养了百多只羊，数千条鱼，准备招待馈赠皇亲国戚。太宗得知后，召见赵元楷指责他说："我巡视察看黄河、洛阳一带，经历了几个州，凡是生活所必需的，都由官府供给。你却趁此饲羊养鱼，雕饰房屋殿宇，这是亡隋的坏习俗，如今天下不能再出现这样的现象。你当了解我的心思，把这套坏作风改掉。"因为赵元楷在隋朝就是邪佞之人，所以太宗用这话来警戒他。赵元楷既惭愧又害怕，几天不吃不喝就死了。

【原文】

尚书左仆射杜如晦奏言："监察御史[1]陈师合上《拔士论》，谓人之思虑有限，一人不可总知数职，以论臣等。"太宗谓戴胄曰："朕以至公治天下，今任玄龄、如晦，非为勋旧，以其有才行也。此人妄事毁谤，止欲离间我君臣。昔蜀后主[2]昏弱，齐文宣[3]狂悖，然国称治者，以任诸葛亮、杨遵彦[4]不猜之故也。朕今任如晦等，亦复如法。"于是，流陈师合于岭外[5]。

【注释】

①监察御史:负责纠察百官的官员。

②蜀后主:指刘备的儿子刘禅。

③齐文宣:北齐文宣帝高洋。

④杨遵彦:北齐贤臣,助文宣帝高洋稳定政局。

⑤岭外:岭南,今两广地区。

【译文】

尚书左仆射杜如晦上奏说:“监察御史陈师合献上《拔士论》,认为人的精力是有限的,一个人不能总是兼任数职。他是以此来借喻我们这些人。”太宗对戴胄说:“我凭着至公之心来治理国家,现在任用的房玄龄、杜如晦,并不因为他们是功勋故旧,是因为他们有才有德。陈师合无根据地诋毁诽谤,是想离间我们君臣。过去蜀后主昏庸无能,北齐文宣帝狂妄悖谬,然而国家还是治理好了,这是因为他们任用了诸葛亮、杨遵彦这样的贤臣,而且君臣之间没有任何猜忌。我今天任用杜如晦等,也是由于这样的原因。”因此,把陈师合流放到岭南。

【原文】

贞观十六年，太宗谓谏议大夫褚遂良曰：“卿知起居，比来记我行事善恶？”遂良曰：“史官之设，君举必书。善既必书，过亦无隐。”太宗曰：“朕今勤行三事，亦望史官不书吾恶。一则鉴前代成败事，以为元龟①；二则进用善人，共成政道；三则斥弃群小，不听谗言。吾能守之，终不转也。”

【注释】

①元龟：大龟。商朝时盛行龟卜，并且认为所用的龟越大越灵验，后人常把历史上可以作为借鉴的事情称作元龟。

【译文】

贞观十六年，太宗对谏议大夫褚遂良说：“你负责起居注，近来记载了我哪些善恶之事？”褚遂良说：“设立史官的目的，就是记载君王的一言一行。好事当然要写，过错也不能隐瞒。”太宗说：“如今我准备办三件事，希望史官不要把它写成是我的过错。一是借鉴前代成败的事例，作为我的一面镜子；二是进用善人，共同成就治政之道；三是排斥无耻小人，不听信谗言。我一定坚守这三条，以后也不会改变。”

悔过第二十四

【题解】

知错能改，善莫大焉。太宗定天下之乱，处帝王之尊，乃能知读书之善而能迁之，知少时之过而能改之，实属襟怀难得。太宗痛恨那种“人臣之对帝王，多承意顺旨，甘言取容”的现象，并且主动提出“朕今欲闻己过，卿等皆可直言”，对自己的过失，他诚恳地表示“朕亦悔有此问难，当即改之”。

【原文】

贞观二年，太宗谓房玄龄曰：“为人大须学问。朕往为群凶未定，东西征讨，躬亲戎事，不暇读书。比来四海安静，身处殿堂，不能自执书卷，使人读而听之。君臣父子，政教之道，共

在书内。古人云：'不学，墙面，莅事惟烦。'不徒言也。却思少小时行事，大觉非也。"

【译文】

贞观二年，太宗对房玄龄说："做人是非常需要学问的。过去群凶没有平定之时，我东讨西伐，亲自带兵打仗，没有时间读书。近来四海安宁，身为君王，但自己却不能拿起书来阅读，只好派人读而听之。这才了解到，君臣父子的关系，政治教化的道理，全在书籍之中。古人说：'不学习，只能是目无所见，临事就遇到麻烦。'这不是空言。回过头来再想想少小时的所作所为，许多事情做得毫无道理。"

奢纵第二十五

【题解】

商纣王积巨桥之粟，周武王伐之。人主不务德政，而务聚敛者，民散而国亡，这是深刻的历史教训。贞观十一年，侍御史马周针对贞观中期奢纵之风渐长这一社会现实，提出了戒奢纵这一课题，希望引起太宗的注意，并采取切实可行的办法加以解决。

【原文】

贞观十一年，侍御史马周上疏陈时政曰：

往者贞观之初，率土霜俭，一匹绢才得粟一斗，而天下帖然[①]。百姓知陛下甚忧怜之，故人人自安，曾无谤讟。自五六年来，频岁丰稔，一匹绢得十余石粟，而百姓皆以陛下不忧怜之，咸有怨言。又今所营为者，颇多不急之务故也。自古以来，国之兴亡不由蓄积多少，惟在百姓苦乐。且以近事验之，隋家贮洛口仓[②]，而李密因之；东京[③]积布帛，王世充据之；西京[④]府库亦为国家之用，至今未尽。向使洛口、东都无粟帛，即世充、李密未必能聚大众。但贮积者固是国之常事，要当人有余力而后收之。若人劳而强敛之，竟以资寇，积之无益也。然俭以息人，贞观之初，陛下已躬为之，故今行之不难也。为之一日，则天下知之，式歌且舞矣。若人既劳矣，而用之不息，倘中国被水旱之灾，边方有风尘之警，狂狡因之窃发，则有不可测之事，非徒圣躬旰食晏寝[⑤]而已。若以陛下之圣明，诚欲励精为政，不烦远求上古之术，但及贞观之初，则天下幸甚。

太宗曰："近令造小随身器物，不意百姓遂有嗟怨，此则朕之过误。"乃命停之。

【注释】

①帖然：安宁。

②洛口仓：隋朝著名的大粮仓，故址在河南省巩县东北。

③东京：隋朝以洛阳为东京。

④西京：隋朝的西京是长安。

⑤旰食晏寝：指皇帝勤于朝政。旰，晚上。晏寝，睡得很晚。

【译文】

贞观十一年，侍御史马周上奏陈述当时的治政之事说：

在贞观初年，普天之下历年遭灾，一匹绸缎才能换一斗粮食，但那时天下却很安定。百姓知道陛下十分担忧和怜悯他们，所以人人自安，不曾有什么毁言谤语。自从贞观五、六年以来，连年大丰收，一匹绸缎可以换到十几石粮食，可是这时百姓却认为陛下没有关心爱怜他们，都有怨恨之言。这是因为如今营造的一些工程和所干的一些事情，有许多是没有必要或者不需紧急去办的。自古以来国家的兴亡不是由积蓄的多少来决定的，而是取决于百姓是苦还是乐。可以拿近代的一些事情来验证这一点。隋朝储粮洛口仓，后来这些粮食为李密所拥有；东京洛阳积蓄的布帛，被王世充占有；西京长安国库的储藏被我大唐使用，至今还没有用完。假如洛口无粮，东京洛阳无布帛，李密、王世充还不一定能聚集大量的民众。积贮本来是国家正常的事情，重要的是百姓有余力的时候才能征收积贮。如果百姓已十分穷困而又强行征敛，最终只能是以此资助敌寇，这种积贮是毫无意义的。国家提倡节俭才能使百姓得以休养，贞观初年，

陛下亲自作表率，所以至今实行起来并不困难。就是作一天表率，天下人也会知道，并必会为此而欢欣鼓舞。如果百姓们已经很疲劳，还不停地役使他们，万一国中遭受水旱灾害，边境又有战事报来，狂妄狡诈之徒趁机秘密发难，那就会出现不可预测的情况，这不是陛下废寝忘食所能解决的了。假如凭借陛下的英明圣德，的确想要励精图治，用不着远求上古圣贤的治政方法，只要赶上贞观初年，那天下也就十分荣幸了。

太宗说："近来下令造了一些小的随身用具，没想到百姓为此而有埋怨，这是我的过错和失误。"于是命令停止制造这类东西。

贪鄙第二十六

【题解】

本章内容告诫君臣不可贪得无厌。作为帝王，如果“恣情放逸，劳役无度，信任群小，疏远忠正，有一于此，岂不灭亡？”作为臣下，如果“妄受财物，赃贿既露，其身亦殒，实为可笑”。因此作为帝王，应忧怜百姓，兢兢业业，以畏天地。作为百官，当须“履忠正，蹈公清”，这样才能无灾害，长守富贵。

【原文】

贞观初，太宗谓侍臣曰：“人有明珠，莫不贵重。若以弹雀，岂非可惜？况人之性命甚于明珠，见金钱财帛不惧刑网，径[①]即受纳，乃是不惜性命。明珠是身外之物，尚不可弹雀，何况性命之重，乃以博[②]财物耶？群臣若能备尽忠直，益国利人，则官爵立至。皆不能以此道求荣，遂妄受财物，赃贿既露，其身亦殒，实可为笑。帝王亦然。恣情放逸，劳役无度，信任群小，疏远忠正，有一于此，岂不灭亡？隋炀帝奢侈自贤，身死匹夫之手，亦为可笑。”

【注释】

①径：直截了当。

②博：换取，博取。

【译文】

贞观初年，太宗对侍臣们说：“人们有了明珠，没有不珍惜的。如果用来弹射鸟雀，能不可惜吗？何况人的性命要比明珠更珍贵，看见了金银钱帛，就不惧怕法网，立即收纳，这就是不爱惜自己的生命。明珠是身外之物，尚且不能用它来弹射鸟雀，何况更为贵重的生命，怎能用它来换取财物呢？群臣若能竭尽忠诚正直之心，利国利民，那么官职爵位就会马上得到。如果不用这种办法来求得荣华富贵，而去无原则地接受他人财物，一旦贪赃贿赂之事被揭露，就会弄得身败名裂，为人所耻笑。帝王也是如此，如果尽情放纵取乐，劳作徭役无休无止，相信任用小人佞臣，疏远排斥忠诚正直之士，只要做了一件这样的事，哪有不灭亡的呢？隋炀帝奢侈淫逸却认为自己很贤德，结果身死匹夫之手，这实在是可笑的事。”

【原文】

贞观二年，太宗谓侍臣曰：“朕尝谓贪人不解爱财也，至如内外官五品以上，禄秩优厚，一年所得，其数自多。若受人财贿，不过数万。一朝彰露，禄秩削夺，此岂是解爱财物？规小得而大失者也。昔公仪休[①]性嗜鱼，而不受人鱼，其鱼长存。且为主贪，必丧其国；为臣贪，必亡其身。《诗》云：'大风有隧，贪人败类。'固非谬言也。昔秦惠王欲伐蜀，不知其径，乃刻五石牛，置金其后。蜀人见之，以为牛能便金。蜀王使五丁力士拖牛入蜀，道成。秦师随而伐之，蜀国遂亡。汉大司农[②]田延年赃贿三千万，事觉自死。如此之流，何可胜记！朕今以蜀王为元龟，卿等亦须以延年为覆辙也。"

【注释】

①公仪休：春秋时期鲁国的国相。

②大司农：西汉时期掌管钱谷、金帛、货币的官员。

【译文】

贞观二年，太宗对侍臣们说："我经常讲贪婪的人不懂得爱惜财物。像朝廷内外五品以上的官员，俸禄爵位优厚，一年的收入，其数目自然不少。如果接受别人的财物贿赂，大不过数万。一旦事情败露，俸禄爵位被剥夺，这难道是懂得爱惜财物吗？这叫因小失大。过去鲁国的国相公仪休嗜

好吃鱼，但从不接受别人赠送的鱼，所以他常有鱼吃。作为君主如果贪婪，那他的国家一定要灭亡；作为臣下的如果贪婪，一定会危及自身。《诗经》中说：‘大风迅疾猛烈，贪婪之人皆为败类。’原本就不是荒谬之言。从前秦惠文王想要攻打蜀地，却不知道入蜀之道，于是刻了五条石牛，在其后放上金子。蜀人见了，以为牛能变金，于是蜀王派五位大力士拖着石牛进入蜀地，入蜀之道因此而得。秦国军队随其后攻打，蜀地被秦国占有。西汉大司农田延年贪赃受贿三千万，事情败露后自杀身亡。像如此之类的事例不可胜数！我要以蜀王为戒，你们也应该吸取田延年自取灭亡的教训。”

【原文】

贞观六年，右卫将军陈万福自九成宫赴京，违法取驿家麸数石。太宗赐其麸，令自负出以耻之。

【译文】

贞观六年，右卫将军陈万福从九成宫赶赴京城，违法私自从驿站取几石麦麸。太宗将这些麦麸赏赐给他，叫他自己背出去，以此来羞辱他。

【原文】

贞观十六年，太宗谓侍臣曰：“古人云：‘鸟栖于林，犹恐其不高，复巢于木末；鱼藏于水，犹恐其不深，复穴于窟下，然而为人所获者，皆由贪饵故也。’今人臣受任，居高位，食厚禄，当须履忠正，蹈公清，则无灾害，长守富贵矣。古人云：‘祸福无门，惟人所召。’然陷其身者，皆为贪冒财利，与夫鱼鸟何以异哉？卿等宜思此语为鉴戒。”

【译文】

贞观十六年，太宗对侍臣们说：“古人说：‘鸟儿栖息在森林里，还担心不够高，多在树梢筑巢；鱼儿藏在水中，还担心水不够深，钻到水底的洞窟里。然而它们仍不免被人捕获，都是由于贪吃食饵的缘故。’今天人臣接受任命，身居高位，拿着丰厚的俸禄，当须履行忠心大节，办事公平清廉，这样才能无灾无害，长久保持富贵。古人又说：‘祸福无定，由人自取。’使自己陷入灾祸之中者，都是由于贪财求利，这和鱼鸟有什么区别呢？你们应该认真思考这些话，并以此作为自己的警戒。”

崇儒学第二十七

【题解】

唐太宗十分推崇儒学的功能和效应，他认为“为政之要，惟在得人，用非其人，必难致治。今所任用，必须以德行、学识为本”。他的大臣王珪也说：“人臣若无学业，不能识前言往行，岂堪大任。”因此太宗即位以后，广置学馆，精选天下文儒，招徕四方学子，致力于钻研儒学和书法、数学等技能，训育封建统治所需要的人才。

【原文】

太宗初践阼①，即于正殿之左置弘文馆，精选天下文儒，令以本官兼署学士，给以五品珍膳，更日宿直，以听朝之隙引入内殿，讨论坟典②，商略政事，或至夜分乃罢。又诏勋贤三品以上子孙为弘文学生。

【注释】

①践阼：君主即位。践，脚踏。阼，殿堂前面的台阶。

②坟典：指各类经史典籍。

【译文】

太宗初继位，立即在皇宫正殿设置弘文馆，精选天下文学儒士，并命令他们以本官兼任弘文馆学士，按照五品官员的级别供给佳肴美

食，而且要求他们每天轮流值宿，在听理朝政的空隙引他们进入内殿，和他们一道讨论历史典籍，商讨谋划政事，有时直至半夜才停歇。又下诏命三品以上功勋贤臣的子孙为弘文馆学生。

【原文】

贞观二年，诏停周公为先圣，始立孔子庙堂于国学①，稽式旧典，以仲尼为先圣，颜子为先师，两边俎豆干戚②之容，始备于兹矣。是岁大收天下儒士，赐帛给传，令诣京师，擢以不次，布在廊庙者甚众。学生通一大经以上，咸得署吏。国学增筑学舍四百余间，国子、太学、四门、广文③亦增置生员，其书、算各置博士、学生，以备众艺。太宗又数幸国学，令祭酒、司业、博士④讲论，毕，各赐以束帛。四方儒生负书而至者，盖以千数。俄而吐蕃及高昌、高丽、新罗等诸夷酋长，亦遣子弟请入于学。于是国学之内，鼓箧升讲筵⑤者，几至万人，儒学之兴，古昔未有也。

【注释】

①国学：国子监，当时的最高学府。

②俎豆干戚：俎豆是古代用来装食物的器皿，这里指用食物祭享。干戚都是古代的兵器。古代祭享时要伴以歌舞，文舞时手持羽巾，武舞时手持干戚。

③国子、太学、四门、广文：国子学教三品以上官员的子孙。太学教五品以上官员的子孙。四门是指四门学，教七品以上官员的子孙。广文馆教国子监中主修进士业的人。

④祭酒、司业、博士：祭酒是国子监的长官，司业是国子监的副长官，博士是国子监中的高级辅导官。

⑤鼓箧、讲筵：鼓箧是指将书箱装满书，箧是竹制的书箱。讲筵是讲席。

【译文】

贞观二年，太宗下诏停止尊周公为先圣，开始在国学中设立孔子庙堂，查考并依照过去的规定，称孔子为先圣，颜渊为先师，两边祭祀宴享和乐舞的礼器用具，从此开始配备。这年大量征收天下儒士，赐予布帛，供给驿车，命令他们集中到京城，破格提拔，在朝廷做官的特别多。学生精通一大经以上的，都可以入仕做官。国学府增盖学舍四百多间，国子监、太学、四门馆、广文馆也都增加了学生名额，书学、算学各设立了博士，配备了学生，以培养更多的具有各项专门技艺的人才。太宗多次亲临国学，叫祭酒、司业、博士讲解讨论，结束后，各赏赐一束绸缎。当时四方儒生背着书赶来京城的，将近万人。不久吐蕃和高昌、高丽、新罗等族的首领，也派遣子弟来长安请求入学。因此国学内上课的学生和讲习者达到万人，儒学兴盛的场面，是前古没有的。

【原文】

太宗尝谓中书令岑文本曰："夫人虽禀定性，必须博学以成其道，亦犹蜃①性含水，待月光而水垂；木性怀火，待燧动而焰发；人性含灵，待学成而为美。是以苏秦刺股②，董生垂帷③。不勤道艺，则其名不立。"文本对曰："夫人性相近，情则迁移，必须以学饬情，以成其性。《礼》云：'玉不琢不成器，人不学不知道④。'所以古人勤于学问，谓之懿⑤德。"

【注释】

①蜃：大蛤蜊，古人说它见了月光就会吐水。

②苏秦刺股：苏秦是战国时期著名的纵横家，据说他读书困倦时，就用利锥刺自己的大腿，使自己惊醒。

③董生垂帷：董生是西汉时期著名的儒家思想家董仲舒，据说他教授学生时为了不受外界的干扰，经常放下帷幕。

④知道：懂得道理，明白事理。

⑤懿：美好。

【译文】

太宗曾对中书令岑文本说："人虽然有特定的天赋禀性，但必须博学才有所成就，这如同大哈蜊，其本性含水，但只能等到海上明月之时，它所吐出的气才能变成楼阁之状；树木本性容易着火，但也只有在燧石击打的情况下才会有火焰发出；人的本性灵敏，但学成后会更加完美。因而苏秦刺股读书，董仲舒放下帷帐讲学。在道艺学习上不勤奋，功名就不会树立。"岑文本回答说："人的本性本来是比较接近的，情性却有所迁移，必须通过学习来成就其天赋禀性。《礼记》中说：'玉不雕琢不能成为器物，人不学习就不懂得为人之道。'所以古人在治学上十分勤勉，并将此称为美德。"

文史第二十八

【题解】

帝王治国要善于吸取从前的经验教训，必须充分认识前代史书和当代起居注的作用。一本好的史书能够褒善贬恶，进君子，退小人，一言一字，皆足为后世法。贞观的那些史臣对撰写太宗的起居注态度十分认真，褚遂良为谏议大夫，兼知起居注时，对太宗的一言一行“善恶必书”，他这样做的目的是希望“人主不为非法”。太宗对起居注也非常重视，多次向撰写起居注的大臣提出要亲自阅览，他的目的不是要责难和惩罚那些秉笔直书的臣下，而是要以此矫正自己的言行，“盖有善事，固不须论；若有不善，亦欲以为鉴戒，使得自修改耳”。

【原文】

贞观十一年，著作佐郎[①]邓隆表请编次太宗文章为集。太宗谓曰：“朕若制事出令，有益于人者，史则书之，足为不朽。若事不师古，乱政

害物，虽有词藻，终贻后代笑，非所须也。只如梁武帝父子及陈后主[2]、隋炀帝，亦大有文集，而所为多不法，宗社皆须臾倾覆。凡人主惟在德行，何必要事文章耶？”竟不许。

【注释】

①著作佐郎：掌国史资料及撰述的官员。

②陈后主：指陈朝的末代皇帝陈叔宝，他是历史上著名的昏君，后为隋朝所灭。

【译文】

贞观十一年，著作佐郎邓隆上奏请求编辑太宗所写的文章为集子。太宗对他说：“我所决定的事情、宣布的命令，如果有益于百姓的，史官就会写上，完全能够留传不朽。如果所做之事没有效法古代圣贤，扰乱朝政，危害百姓，即使有些词藻存在，就算流传给后代，也只能让人耻笑。比如梁武帝萧衍、萧统父子，以及陈后主陈叔宝、隋炀帝，都大有文集存在，但他们的所作所为多数不值得效法，只会导致国家很快倾覆。作为君主，重要的在于德行，何必要写什么文章呢？”因此最终没有同意邓隆的奏请。

【原文】

贞观十三年，褚遂良为谏议大夫，兼知起居注。太宗问曰：“卿比知起居，书何等事？大抵于人君得观见否？朕欲见此注记者，将却观所为得失以自警戒耳。”遂良曰：“今之起居，古之左、右史，以记人君言行，善恶毕书，庶几人主不为非法，不闻帝王躬自观史。”太宗曰：“朕有不善，卿必记耶？”遂良曰：“臣闻守道不如守官，臣职当载笔，何不书之？”黄门侍郎刘洎进曰：“人君有过失，如日月之蚀，人皆见之。设令遂良不记，天下之人皆记之矣。”

【译文】

贞观十三年，褚遂良为谏议大夫，兼管起居注的撰写。太宗问褚遂良：“你近来主持撰写起居注，记载了一些什么事？我能够观看吗？我想看一看起居注上记载的东西，回顾一下行为得失以自我警戒。”褚遂良说：“今天的起居注，如同古代的左史、右史，都是用来记载人君言行的，善恶必书，希望人主不干那些非法之事，没有听说过帝王亲自观看自己史著的。”太宗说：“假如我有不对的地方，你也一定都会记载吗？”褚遂良说：“臣听说坚守为人之道不如先坚守自己的职责，臣的

职责就是用笔来记载，为什么不写呢？”黄门侍郎刘洎也进言说：“人君有过失，如同日食、月食，人人都能看到。即使褚遂良不记载，天下百姓也都进行了记载。”

【原文】

贞观十四年，太宗谓房玄龄曰：“朕每观前代史书，彰善瘅[1]恶，足为将来规诫。不知自古当代国史，何因不令帝王亲见之？”对曰：“国史既善恶必书，庶几人主不为非法。止应畏有忤旨，故不得见也。”太宗曰：“朕意殊不同古人。今欲自看国史者，盖有善事，固不须论；若有不善，亦欲以为鉴诫，使得自修改耳。卿可撰录进来。”玄龄等遂删略国史为编年体，撰高祖、太宗实录各二十卷，表上之。太宗见六月四日事，语多微文，乃谓玄龄曰：“昔周公诛管、蔡而周室安[2]，季友鸩叔牙而鲁国宁[3]。朕之所为，义同此类，盖所以安社稷，利万民耳。史官执笔，何烦有隐？宜即改削浮词，直书其事。”侍中魏征奏曰：“臣闻人主位居尊极，无所忌惮。惟有国史，用为惩恶劝善，书不以实，后嗣何观？陛下今遣史官正其辞，雅[4]合至公之道。”

【注释】

①瘅：憎恨，抨击。

②周公诛管、蔡而周室安：西周初年，周公处死了谋反的两个弟弟管

叔、蔡叔，稳定了周初的局面。

③季友鸩叔牙而鲁国宁：鸩是传说中的一种毒鸟，把它的羽毛泡在酒里，喝了可以毒死人。春秋时期，鲁庄公有三个弟弟，大弟庆父，二弟叔牙，三弟季友。庄公病重时要将君位传给儿子班，但叔牙主张立庆父，季友支持庄公，主张立班，就派人用鸩酒把叔牙毒死了。

④雅：非常，十分。

【译文】

贞观十四年，太宗对房玄龄说："我每次观看前代史书，都是扬善忌恶，以规劝警戒后人。不知道自古以来的当代国史为什么不让帝王亲自看一看？"房玄龄回答说："国史是善恶必书的，可以使君主不做非法的事情。只是怕有触犯龙颜的地方，所以不让君主本人看到。"太宗说："我的想法绝不同于古人。今天想亲自看看国史，如记有善事，当不须再论；如果有不善之事，也想以此作为鉴戒，使自己能得以改正。你可撰写辑录进献上来。"房玄龄等人于是把国史删简成编年体，撰写成高祖、太宗实录各二十卷，上表奏上。太宗看到武德九年六月四日玄武门之变一事，语句多有隐讳之词，就对房玄龄说："过去周公杀管叔、蔡叔而使周王室得以安宁，季叔用鸩酒杀死叔牙而使鲁国得以安定。我所做的，目的和这些事相同，是用来安定社稷，有利万民。史官执笔写史，为什么要考虑有所隐讳呢？应当立即改正那些虚饰之词，直接把那件事写清楚。"侍中魏征上奏说："臣听说人主位极至尊，没有什么顾忌害怕的。只有国史，才可以惩恶扬善，如果写的不真实，后代观看什么呢？陛下今天派遣史官纠正其言辞，很合乎至公之道。"

礼乐第二十九

【题解】

礼乐制度是维护封建统治的精神支柱之一，从商周以来，历代统治者都把制定和修正各种礼乐制度作为朝廷的一项大事来抓。贞观六年，太宗下令撰写《氏族志》，强调要按照官阶爵位而不是按照过去的门第来排定氏族的顺序，欲借修族谱来提高以李家皇族为代表的新兴贵族地位的用意是十分明显的，因为只有这样，才能使李唐王朝的统治具有最广泛而深厚的基础。

【原文】

贞观六年，太宗谓尚书左仆射房玄龄曰："比有山东崔、卢、李、郑四姓，虽累叶陵迟①，犹恃其旧地，好自矜大，称为士大夫。每嫁女他族，必广索聘财，以多为贵，论数定约，同于市贾，甚损风俗，有紊礼经。既轻重失宜，理须改革。"乃诏吏部尚书②高士廉、御史大夫韦挺、中书侍郎岑文本、礼部侍郎③令狐德棻等，刊正姓氏，普责天下谱牒，兼据凭史传，剪其浮华，定其真伪，忠贤者褒进，悖逆者贬黜，撰为《氏族志》。士廉等及进定氏族等第，遂以崔干为第一等。太宗谓曰："我与山东崔、卢、李、郑，旧既无嫌，为其世代衰微，全无官宦，犹自云士大

夫，婚姻之际，则多索财物，或才识庸下，而偃仰自高，贩鬻松槚[4]，依托富贵，我不解人间何为重之？且士大夫有能立功，爵位崇重，善事君父，忠孝可称，或道义清素，学艺通博，此亦足为门户，可谓天下士大夫。今崔、卢之属，惟矜远叶衣冠，宁比当朝之贵？公卿已下，何暇多输钱物，兼与他气势，向声背实[5]，以得为荣。我今定氏族者，诚欲崇树今朝冠冕，何因崔干犹为第一等，只看卿等不贵我官爵耶？不论数代已前，只取今日官品、人才作等级，宜一量定，用为永则。”遂以崔干为第三等。至十二年，书成，凡百卷，颁天下。又诏曰：“氏族之美，实系于冠冕，婚姻之道，莫先于仁义。自有魏失御，齐氏云亡，市朝既迁，风俗陵替，燕、赵古姓，多失衣冠之绪，齐、韩旧族，或乖礼义之风。名不著于州闾[6]，身未免于贫贱，自号高门之胄[7]，不敦匹嫡之仪，问名惟在于窃资，结褵[8]必归于富室。乃有新官之辈，丰财之家，慕其祖宗，竞结婚姻，多纳货贿，有如贩鬻。或自贬家门，受辱于姻娅；或于其旧望，行无礼于舅姑[9]。积习成俗，迄今未已，既紊人伦，实亏名教。朕夙夜兢惕，忧勤政道，往代蠹害，咸已惩革，唯此弊风，未能尽变。自今以后，明加告示，使识嫁娶之序，务合礼典，称朕意焉。”

【注释】

①累叶陵迟：累代衰败。叶，世、代。陵迟，衰颓。

②吏部尚书：吏部是六部之一，主管全国官吏的任免、考课、升降、调动等事物。尚书是其长官。

③礼部侍郎：礼部是六部之一，主管礼仪、祭享、贡举等事物。侍郎是其副长官。

④贩鬻松槚：即炫耀死去的祖先。松、槚，是常种在墓前的树。

⑤向声背实：追求虚名，背离实际。

⑥州闾：乡里。闾，古代的一种居民组织单位，二十五家为一闾。

⑦胄：后代。

⑧结褵：褵是古代女子出嫁时所系的佩巾，由母亲把褵系在女儿的身上，叫结褵。后来人们把结婚称作结褵。

⑨舅姑：是古代儿媳对公婆的称呼。

【译文】

贞观六年，太宗对尚书左仆射房玄龄说：“近来有山东的崔、卢、李、郑四大姓，虽然累代衰败，仍然依靠其旧日在地方上的威势，喜好自我炫耀，自称为士大夫，每当把女儿嫁给其他家族，总要大肆索取聘礼财物，以多为贵，按着金钱的数量来决定媒妁，如同市场上做买卖一般，败坏风俗，使礼仪经典混乱。既然轻重失当，理应有所改革。”于是下诏，命令吏部尚书高士廉、御史大夫韦挺、中书侍郎岑文本、礼部侍郎令狐德棻等，校正姓氏，普查天下族谱、家谱，一律根据其凭证、史传，除去其浮华不实之词，确定其真伪，忠直贤德者提升等级，背逆者加以贬黜，撰写了一部《氏族志》。高士廉等人在进呈氏族等第时，仍把崔干列为第一等。太宗说：“我和山东的崔、卢、李、郑四大姓，往日并没有宿怨，但因为他们已经世代衰败，全无官宦之人，仍然称为士大夫，婚配之际，又多多索取财物，有的人才能低下，见识平庸，而仍然自高自大，炫耀死去的祖先，依托富贵之人，我不明白有的人为什么还看重他们？况且士大夫中，有的能够立功，爵高位重，善于侍奉君主父母，忠、孝都值得称道。有的道德节义清平纯朴，学问技艺通达广博。这些完全可以为他们立门户，他们也真正称得上是士大夫。今天崔、卢

之类，只是夸耀远祖的官第，这怎么和当朝的显贵相比？公卿以下的人，何苦给他们送那么多的财物去助长他们的气势，使得他们的名声和实际相背离。我今天确定氏族，为的是想树立当今大臣的地位，为什么把崔干仍列为第一等？是不是你们不看重我朝的官爵？不管几代以前，只依照今日的官阶品位、人的才能来定等级，应当统一衡量排定，以此作为永久的准则。”于是把崔干定为第三等。到贞观十二年，《氏族志》写成，共一百卷，颁布于天下。太宗又下诏说：“氏族高低，要和官爵相联系，婚姻之道，要以仁义为先。自从北魏失国，北齐灭亡，朝野变化，风俗衰败，燕、赵这些古姓，多数已经没有为官的后代，齐、韩旧日大族，行为也有背礼仪风俗。许多人在民间乡里就没有什么名声，自身常常处于贫贱之中，却自称为高门望族的后代，而不懂得一般的规矩礼仪，依靠名声索取财物，男女成婚一定要找富户大家。所以有些新做官的人，有钱财的人家，仰慕其祖宗名声，竞相结为婚姻，这些人也乘机多收财物，如同买卖一般。有的自愿贬低家门，受辱于姻亲，有的夸耀过去的声望，在公婆面前无礼。积恶习成风俗，至今不止，既扰乱了人伦辈份，又损害了名声教化。我日夜警惕，兢兢业业，操劳政事，历代的弊端祸害，都已制止革除，唯有这种坏风气，还没

有完全转变。从今以后,给大家宣告,要懂得嫁娶的规矩,务必合乎礼法,这样才能称我心意。”

【原文】

礼部尚书王珪子敬直,尚[1]太宗女南平公主。珪曰:“《礼》有妇见舅姑之仪,自近代风俗弊薄,公主出降,此礼皆废。主上钦明,动循法制,吾受公主谒见,岂为身荣,所以成国家之美耳。”遂与其妻就位而坐,令公主亲执巾,行盥馈之道[2],礼成而退。太宗闻而称善。是后公主下降有舅姑者,皆遣备行此礼。

【注释】

①尚:娶公主为妻。

②行盥馈之道:从前,儿媳初进门,应取水让公婆盥洗,并向公婆进献食品。

【译文】

礼部尚书王珪的儿子王敬直,娶太宗之女南平公主为妻。王珪说:“《礼》中有媳妇拜见公公婆婆的礼仪,自近代风俗乖谬浮薄,在公主出嫁之时,废弃了这一礼节。现在主上英明,任何行动都要求遵循法令典制,我接受公主的拜见,岂是为了自身的虚荣,而是为了成就国家的美德。”于是与其妻子就位而坐,让公主亲自持巾,行盥洗、进食的礼节。礼毕而退。太宗听说后十分赞赏。因此这以后公主出嫁凡有公婆的,都要认真实行这种礼节。

【原文】

贞观十七年十二月癸丑，太宗谓侍臣曰：“今日是朕生日。俗间以生日可为喜乐，在朕情，翻成感思。君临天下，富有四海，而追求侍养，永不可得。仲由怀负米之恨①，良②有以也。况《诗》云：‘哀哀父母，生我劬劳③。’奈何以劬劳之辰，遂为宴乐之事！甚是乖于礼度。”因而泣下久之。

【注释】

①仲由怀负米之恨：传说孔子的弟子仲由侍奉双亲时，很讲孝道，他自己常吃野菜，而将米背回家给父母吃。双亲去世后，仲由南游楚国，从车百乘，积米万钟，仲由还希望自己吃野菜，将米留给父母吃，但已经是不可能的了。

②良：的确，确实。

③劬劳：劳累。

【译文】

贞观十七年十二月癸丑日，太宗对侍臣们说：“今天是我的生日。在民间都把生日看做是喜庆之日，在我心里，却翻然而成感怀思念之情。我统治天下，拥有四海，而再追求奉养父母，已是永远不可能的了。孔子的弟子仲由深怀不能奉养父母的‘背米遗憾’，的确是有道理的。况且《诗经》中说：‘可怜父母，辛勤劳苦养育我成长。’怎么能在父母辛劳之时，而饮宴欢乐呢！这与礼仪法度是十分背离的。”说罢，太宗长时间的哭泣落泪。

务农第三十

【题解】

中国历来是一个高度重视农业生产的国家，如果农业生产得到了保障和发展，国家就会富足稳定。唐太宗认为“凡事皆须务本。国以人为本，人以衣食为本，凡营衣食，以不失时为本”。为了表示他对农业生产的重视，他在灾荒之年，取蝗虫而食；将皇太子的冠礼避开春耕时的二月，推迟到农闲时的十月，以示不夺农时。

【原文】

贞观二年，太宗谓侍臣曰：“凡事皆须务本。国以人为本，人以衣食为本，凡营衣食，以不失时为本。夫不失时者，在人君简静乃可致耳。若兵戈屡动，土木不息，而欲不夺农时，其可得乎？”王珪曰：“昔秦皇、汉武，外则穷极兵戈，内则崇侈宫室，人力既竭，祸难遂兴。彼岂不欲安人乎？失所以安人之道也。亡隋之辙，殷鉴不远，陛下亲承其弊，知所以易之。然在初则易，终之实难。伏愿慎终如始，方尽其美。”太宗曰：“公言是也。夫安人宁国，惟在于君。君无为则人乐，君多欲则人苦。朕所以抑情损欲，克己自励耳。”

【译文】

贞观二年，太宗对侍臣们说：“大凡做事都必须狠抓根本，国家以人为本，人以衣食为本，凡经营农桑衣食，以不失时机为根本。要不失时机，人君就要清静寡欲，不生事劳民。如果屡屡发动战争，大兴土木，又不耽误劳作的季节，怎么可能呢？”王珪说：“过去秦始皇、汉武帝，对外穷兵黩武，对内大建陵墓宫室，百姓之力已经竭尽，灾祸也就因此而起。这些帝王难道不想安定百姓吗？他们只是不懂得怎样使人心安定而已。隋朝灭亡的前车之鉴，记忆犹新，清晰可见，陛下亲自经历并面临着隋朝留下的衰败局面，知道应该怎样进行治理。然而刚开始比较容易做到，而要坚持下去就很难了。臣希望陛下自始至终小心谨慎，使国政的治理达到尽善尽美的程度。”太宗说：“你讲得对。稳定民心，安定国家，完全在君主。君主清心寡欲，与民休养生息，百姓就安乐，君主多欲苛刻，百姓就要受苦。我要努力抑制自己的情感，节制私欲，不断地修养自身，并以此来勉励自己。”

【原文】

贞观二年，京师旱，蝗虫大起。太宗入苑视禾，见蝗虫，掇数枚而咒曰："人以谷为命，而汝食之，是害于百姓。百姓有过，在予一人，尔其有灵，但当蚀我心，无害百姓。"将吞之，左右遽谏曰："恐成疾，不可。"太宗曰："所冀移灾朕躬，何疾之避？"遂吞之。自是蝗不复为灾。

【译文】

贞观二年，京城一带发生旱灾，虫害四起。太宗到林苑中察看庄稼，看到满地都是蝗虫，于是抓了几只诅咒说："百姓以粮食为自己的生命，而让你们毁掉了，这确实危害了百姓。如果说百姓有过，其责任全在我一个人身上，你们如果诚而有灵的话，就应当啄食我的心，不要祸害百姓。"说着就准备把蝗虫吞下去，左右侍臣立刻劝阻说："吃了恐怕要生病，不能吃。"太宗说："我所希望的是把灾祸加害于我一个人身上，岂能避讳什么病？"于是吞下了那几只蝗虫。这以后，蝗虫没有再造成什么灾害。

【原文】

贞观五年，有司上书言："皇太子将行冠礼①，宜用二月为吉，请追兵以备仪注。"太宗曰："今东作②方兴，恐妨农事。"令改用十月。太子少保萧瑀奏言："准阴阳家，用二月为胜。"太宗曰："阴阳拘忌，朕所不行。若动静必依阴阳，不顾理义，欲求福祐，其可得乎？若所行皆遵正道，自然常与吉会。且吉凶在人，岂假阴阳拘忌？农时甚要，不可暂失。”

【注释】

①冠礼：古代男子成年时的加冠礼仪。

②东作：春耕。

【译文】

贞观五年，有官员上奏建议说：“皇太子将要举行冠礼，应当在二月举行才吉祥，请增派士兵来准备典礼仪式。”太宗说：“现在春耕刚刚开始，担心搞这一活动耽误农时。”于是下令改在十月进行。太子少保萧瑀上奏说：“按照阴阳家的说法，在二月举行最好。”太宗说：“阴阳家拘泥禁忌太多，我不实行他们那一套。如果一举一动都要符合阴阳之说，连道理节义都不顾，欲求上天赐福保佑，难道能行吗？如果我们做的都符合正道，自然经常能与吉气相会。况且吉凶祸福全在于人，怎能依靠阴阳家的说法来局限我们？农时是最重要的，不能有一刻耽误。”

【原文】

贞观十六年，太宗以天下粟价率计斗值五钱，其尤贱处，计斗值三钱，因谓侍臣曰：“国以民为本，人以食为命。若禾黍不登，则兆庶非国家所有。既属丰稔若斯，朕为亿兆人父母，唯欲躬务俭约，必不辄为奢侈。朕常欲赐天下之人，皆使富贵，今省徭赋，不夺其时，使比屋之人恣其耕稼，此则富矣。敦行礼让，使乡闾之间，少敬长，妻敬夫，此则贵矣。但令天下皆然，朕不听管弦，不从畋猎，乐在其中矣！”

【译文】

贞观十六年，天下的粮食价格当时大约每斗值五钱，特别便宜的地方仅值三钱。对此，太宗对侍臣们说：“国家以民为本，人以食为命。如果粮食不丰收，那么千万百姓就会东奔西逃，甚至逃到他国。即使粮食丰收到如此程度，我作为天下百姓的父母，也一定要亲自实行勤俭节约，绝不因此而挥霍浪费。我经常想赏赐天下所有的人，让他们都富贵。今天国家减省了百姓的徭役赋税，不夺农时，家家户户有充足的时间进行耕作，这样天下一定会富裕起来。推行恭敬礼让，使得相邻之间，少敬老，妻敬夫，使得人与人之间互相尊敬，只愿天下都是这样。即使我不听管弦之乐，不从事打猎游弋，也能乐在其中。”

刑法第三十一

【题解】

《刑法》篇辑录了一组讨论法治的文章，在依法治国这个问题上，贞观君臣颇有一些可取的观点，如魏征上疏说："夫刑赏之本，在乎劝善而惩恶。刑滥，则小人道长，赏谬，则君子道消。小人之恶不惩，君子之善不劝，而望治安刑措，非所闻也。"张蕴古说："大明无偏照，至公无私亲；故以一人治天下，不以天下奉一人。"唐太宗在法治方面，对于死刑重罪的判处比较审慎。一再下诏："凡有死刑，虽令即决，皆须五覆奏。"

【原文】

贞观元年，太宗谓侍臣曰："死者不可再生，用法务在宽简。古人云，鬻棺者欲岁之疫，非疾于人，利于棺售故耳。今法司核理一狱，必求深刻[①]，欲成其考课。今作何法，得使平允？"谏议大夫王珪进曰："但选公直良善人断狱允当者，增秩赐金，即奸伪自息。"诏从之。太宗又曰："古者断狱，必讯于三槐、九棘[②]之官，今三公、九卿[③]，即其职也。自今以后，大辟[④]罪皆令中书、门下四品以上及尚书九卿议之。如此，庶免冤滥。"由是至四年，断死刑，天下二十九人，几致刑措[⑤]。

【注释】

①深刻:深究而苛刻。

②三槐、九棘:据说周天子的朝堂上有三棵槐树,三公朝见周天子时,就站在槐树下。朝堂左右各有九株棘树,卿、大夫、诸侯朝见时站在下面。

③三公、九卿:唐朝时,太尉、司徒、司空为三公。太常寺卿、光禄寺卿、卫尉寺卿、宗正寺卿、太仆寺卿、大理寺卿、鸿胪寺卿、司农寺卿、太府寺卿为九卿。

④大辟:死罪。

⑤措:废弃。

【译文】

贞观元年,太宗对侍臣们说:"人死了不可能再生,所以使用刑法一定要宽松审慎。古人说过,卖棺材的人希望年年发生瘟疫,但他并不是诅咒人死,而是那样会有利于卖出棺材。今天司法部门每审理一个案件,总是追求苛刻,以此来成就功绩。现在应制定一个什么样的法令,来做到更加公平合理呢?"谏议大夫王珪进言说:"只要选择那些公正善良的人任职,让他们公正地审理案情,为他们增加爵秩,赏赐金钱,那么奸伪不公正的事就会自动停息。"太宗下诏,听从了王珪的奏议。太宗

又讲："古代审理案件，一定要向三槐、九棘之官询问，三槐、九棘的职位相当于今天的三公、九卿。从今以后，死罪都得让中书省、门下省四品以上的官员及尚书九卿评议。这样的话可以避免一些冤案或滥杀无辜。"从贞观元年到贞观四年，天下共判处死刑二十九人，几乎达到了把刑法放置起来的地步。

【原文】

贞观五年，张蕴古为大理丞。相州人李好德素有风疾[①]，言涉妖妄，诏令鞫[②]其狱。蕴古言："好德癫病有征，法不当坐。"太宗许将宽宥。蕴古密报其旨，仍引与博戏。治书侍御史权万纪劾奏之。太宗大怒，令斩于东市。既而悔之，谓房玄龄曰："公等食人之禄，须忧人之忧，事无巨细，咸当留意。今不问则不言，见事都不谏诤，何所辅弼？如蕴古身为法官，与囚博戏，漏泄朕言，此亦罪状甚重。若据常律，未至极刑。朕当时盛怒，即令处置。公等竟无一言，所司又不覆奏，遂即决之，岂是道理。"因诏曰："凡有死刑，虽令即决，皆须五覆奏。"五覆奏，自蕴古始也。又曰："守文定罪，或恐有冤。自今以后，门下省覆，有据法令合死而情可矜[③]者，宜录奏闻。"

【注释】

①风疾：就是疯病。风，通"疯"。

②鞫：审问，审讯。
③矜：怜悯，同情。

【译文】

贞观五年，张蕴古任大理丞。相州人李好德平素就有疯病，经常讲一些荒谬狂妄的话，太宗下令将其收押在狱中。张蕴古却认为：“李好德有疯病的病症，按法不应当定罪。”太宗答应要宽大处理他。张蕴古偷偷把太宗的旨意告诉了李好德，并和他一起嬉戏。治书侍御史权万纪弹劾张蕴古，太宗听了大怒，令将张蕴古在东市斩首。后来太宗对此事有所后悔，并对房玄龄讲：“你们拿着国家的俸禄，必须为国分忧，事情无论大小，都应当谨慎留意。如今不问到就不说，看到一些事情都不诤谏，对我谈得上有什么辅佐和帮助呢？张蕴古身为法官，与囚徒戏耍开玩笑，泄露我的话，这罪行当然很重。但如果根据正常的刑律，还达不到处以极刑的程度。我当时十分恼怒，立即命令进行斩首。你们却没有一句话，司法官员也没有反驳上奏，结果处决了他，实在不符合刑法规定。”因此太宗下诏说：“凡有死刑的案件，虽然下令立即处死，都还需五次复奏。”五次复奏的规定，就是从张蕴古事件开始的。诏书还说：“遵照律文定罪，也可能有冤。从今以后，由门下省复审，有按照法令应当处死而情有可原的，应将案情抄录奏报。”

【原文】

贞观九年，盐泽道行军总管、岷州都督高甑生，坐违李靖节度，又诬告靖谋逆，减死徙边。时有上言者曰：“甑生旧秦府功臣，请宽其过。”太宗曰：“虽是藩邸旧劳，诚不可忘。然理国守

法，事须画一，今若赦之，使开侥幸之路。且国家建义太原[①]，元从及征战有功者甚众，若甑生获免，谁不觊覦？有功之人，皆须犯法。我所以必不赦者，正为此也。"

【注释】

①建义太原：指隋朝末年李渊父子在太原起兵一事。

【译文】

贞观九年，盐泽道行军总管、岷州都督高甑生，因违反李靖的调度安排，又诬告李靖谋反，被减免死罪流放到边地。当时有人上奏皇帝说："甑生为旧日秦府的功臣，请求宽大其过错。"太宗说："既是秦府旧日功臣，当然不能忘记。然而治理国家、遵守法令，在这件事上应该一视同仁，今天如果赦免了他，就会开侥幸之路。况且国家起兵太原，一开始就跟随及征战的有功之人很多，如果甑生获免，谁不存侥幸之想呢？有功之人，都会因此而冒犯国法。我坚持不赦免的原因，正是如此。"

赦令第三十二

【题解】

《赦令》篇是法治的补充。以法治国不能擅行赦免，因为“凡赦宥之恩，惟及不轨之辈”，“养稂莠者伤禾稼，惠奸宄者贼良人”，“夫谋小仁者，大仁之贼”。所以要治理好天下，决不能随意放赦。

【原文】

贞观七年，太宗谓侍臣曰：“天下愚人者多，智人者少，智者不肯为恶，愚人好犯宪章。凡赦宥之恩，惟及不轨之辈。古语云：‘小人之幸，君子之不幸。’‘一岁再赦，善人喑哑。’凡养稂莠[1]者伤禾稼，惠奸宄[2]者贼[3]良人。昔文王作罚，刑兹无赦。又蜀先主尝谓诸葛亮曰：‘吾周旋陈元方、郑康成[4]之间，每见启告理乱之道备矣，曾不语赦。’故诸葛亮治蜀十年不赦，而蜀大化。梁武帝每年数赦，卒至倾败。夫谋小仁者，大仁之贼。故我有天下以来，绝不放赦。今四海安宁，礼义兴行，非常之恩，弥不可数，将恐愚人常冀侥幸，惟欲犯法，不能改过。”

【注释】

①稂莠：指狼尾草、狗尾草等杂草。

②奸宄：奸邪的坏人。

③贼：伤害。

④陈元方、郑康成：陈元方是东汉末年的名士。郑康成是东汉时期著名的经学家。

【译文】

贞观七年，太宗对侍臣们说："天下无知的人多，聪明的人少，聪明的人不会做坏事，无知的人却喜欢触犯法律。大凡下达了赦免宽宥的命令，定要涉及一些不法之徒。古语说：'小人的幸运，就是君子的不幸。''一年两次赦免，好人就不想说话。'养护野草必定伤害庄稼，恩惠奸邪犯法的人就会挫伤善良百姓。过去周文王制定刑罚，对触犯刑罚的一概不予赦免。蜀先主刘备曾经对诸葛亮说：'我曾经和陈元方、郑康成往来，常与他们谈论治乱之道，但从来不曾提到赦宥。'所以诸葛亮治理蜀汉十年没有实行赦免，因而蜀汉得到了极好的治理，百姓也得到很好的教化。梁武帝每年都进行多次赦免，最终招致政权倾覆。追求小恩小惠的人，就会伤害大仁大义。所以我统治天下以来，绝对不会随意赦免。今天四海安宁，礼义兴起并得以广泛的推行，大恩大义之事层出不穷，赦免似乎水到渠成，但我担心愚蠢之人常怀侥幸，这样做只会促使他们犯法，不能改正其过错。"

【原文】

长孙皇后遇疾，渐危笃。皇太子启后曰："医药备尽，今尊体不瘳①，请奏赦囚徒并度人入道，冀蒙福佑。"后曰："死生有命，非人力所加。若修福可延，吾素非为恶者；若行善无效，

何福可求？赦者国之大事，佛道者，上每示存异方之教耳，常恐为理体之弊。岂以吾一妇人而乱天下法？不能依汝言。”

【注释】

①瘳：病愈。

【译文】

长孙皇后染上疾病，逐渐加重并处于危险状态。这时皇太子启禀皇后说：“各种治疗方法、药品都用过了，尊体仍然没有好转，请求上奏赦免囚徒并且超度人们入道，希望承蒙上天赐福保佑。”皇后说：“死生有命，不是人力所能招致的。如果修行养福可以延年，我平素一向不为恶；如果行善都没有效应，有什么福寿可求呢？赦免一事是国家的大事，佛教、道教，皇上经常指出这是为了保存异方之教，常常担心这些成为治理国政的一个弊端。怎么能因为我一位妇人而扰乱了天下的章法呢？所以不能听从你的话。”

贡赋第三十三

【题解】

贡赋是指唐代各州的朝集使和方外各国的使臣入京贡奉珍宝方物。唐太宗作为一代封建帝王对方物也有所喜好，但对那些劳民伤财的进贡方式十分反感，他在诏书中说“比闻都督、刺史邀射声名，厥土所赋，或嫌其不善，逾意外求，更相仿效。遂以成俗。极为劳扰，宜改此弊，不得更然”。他将林邑国进献的白鹦鹉放归山林，让高丽国献来的美女回归父母的身边。

【原文】

贞观二年，太宗谓朝集使①曰：“任土作贡，布在前典，当州所产，则充庭实。比闻都督、刺史邀射声名，厥土所赋，或嫌其不善，逾意外求，更相仿效，遂以成俗。极为劳扰，宜改此弊，不得更然。”

【注释】

①朝集使：唐朝时各州派往京城的进贡使者。

【译文】

贞观二年，太宗对各地来朝廷进贡的使者说：“根据当地所产选作贡品，这是古代的典籍中记载的，以本州出产的东西，来充实朝廷。近

来听说一些都督、刺史为了献媚、表功，嫌弃其本土的贡品不好，就越境到外地寻求，互相仿效，成为习俗。这种做法劳民伤财，骚扰各地的安宁。应改正这一错误的做法，以后不能再出现这样的现象。”

【原文】

贞观中，林邑国贡白鹦鹉，性辩慧，尤善应答，屡有苦寒之言。太宗悯之，付其使，令还出于林薮。

【译文】

贞观年间，林邑国进贡了一只白鹦鹉，其性聪慧善辩，特别巧于应答，在京城逗留期间，多次表露此地寒冷的意思。太宗怜悯它，将它归还给林邑国的使臣，要他回去把它放归森林大泽中。

【原文】

贞观十九年，高丽王高藏及莫离支盖苏文遣使献二美女，太宗谓其使曰：“朕悯此女离其父母兄弟于本国，若爱其色而伤其心，我不取也。”并却还之本国。

【译文】

贞观十九年，高丽王高藏及其臣莫离支盖苏文派遣使臣进献两位美女，太宗对高丽使臣说：“我十分怜悯这两位女子离开她们本国的父母兄弟，如果爱其姿色而使其伤心，我不愿这样做。”一并拒绝并把她们归还本国。

辩兴亡第三十四

【题解】

《辩兴亡》一篇意为辩明王朝兴亡的道理，吸取历史的经验教训，以求唐王朝的永固长存。唐太宗痛感于“齐主深好奢侈，所有府库用之略尽，乃至关市无不税敛”，认为这是“馋人自食其肉，肉尽必死”。因此他一再提醒自己要“务积于人，不在盈其仓库”。

【原文】

贞观二年，太宗谓黄门侍郎王珪曰：“隋开皇[①]十四年大旱，人多饥乏。是时仓库盈溢，竟不许赈给，乃令百姓逐粮。隋文不怜百姓而惜仓库，比至末年，计天下储积，得供五六十年。炀帝恃此富饶，所以奢华无道，遂致灭亡。炀帝失国，亦此之由。凡理国者，务积于人，不在盈其仓库。古人云：'百姓不足，君孰与足？'但使仓库可备凶年[2]，此外何烦储蓄！后嗣若贤，自能保其天下；如其不肖，多积仓库，徒益其奢侈，危亡之本也。"

【注释】

①开皇：隋文帝杨坚的年号(581—600)。

②凶年：灾荒之年。

【译文】

贞观二年，太宗对黄门侍郎王珪说："隋朝开皇十四年天下大旱，百姓多数饥饿困乏。当时国库粮食堆积乃至盈溢，竟然不拿出来赈济百姓，使得百姓到处为粮奔走。隋文帝不怜悯百姓而吝惜其粮食，等到隋朝末年，积储的粮食能供应百姓使用五六十年。隋炀帝靠着这么多的财富，奢侈豪华而行无道之事，最后招致灭亡。隋炀帝由此失去自己的国家。所以大凡治理国家，致力于为民积累，并不只是使仓库盈满。古人说：'百姓不富足，君主怎么能富足呢？'仓库所储存的只要能防备饥荒之年就可，此外不要再烦劳百姓进行储备！继承之人如果贤德，自然能保护天下；如果不贤德，多多积累的粮食只能助长其奢侈，并成为国家灭亡的基础。"

【原文】

贞观九年，太宗谓魏征曰："顷读周、齐史，末代亡国之主为恶多相类也。齐主[1]深好奢侈，所有府库用之略尽，乃至关市无不税敛。朕常谓此犹如馋人自食其肉，肉尽必死。人君赋敛不已，百姓既弊，其君亦亡，齐主即是也。然天元[2]、齐主若为优劣？”征对曰：“二主亡国虽同，其行则别。齐主懦弱[3]，政出多门，国无纲纪，遂至亡灭。天元性凶而强，威福在己，亡国之事，皆在其身。以此论之，齐主为劣。”

【注释】

①齐主：北齐皇帝高纬。

②天元：北周宣帝宇文赟，自称天元皇帝。

③懦弱：怯懦软弱。

【译文】

贞观九年，太宗对魏征说：“近来读周、齐的史籍，末代亡国的君主多作恶相同。齐后主极端奢侈，所有府库的东西基本被他用尽，乃至关隘市集没有不征收赋税的。我常把这比作饥馋的人吃自己身上的肉，肉尽则自己一定死亡。人君赋敛不止，百姓就要疲弊，其君主也会灭亡，齐后主就是如此。然而周宣帝、齐后主，谁优谁劣呢？”魏征回答说：“二位帝王亡国虽然相同，但其行为是有区别的。齐后主懦弱无能，朝政国事常常依靠许多人去处理，国家没有大纲法纪，因此而灭亡。周宣帝生性凶狠强悍，权势国运全操持在自己一个人手里，亡国的结局，完全是由他自身造成的。以此来评论，齐后主为劣。”

征伐第三十五

【题解】

唐太宗注意总结“自古以来穷兵极武，未有不亡者也”的经验教训，主张消除民族隔阂，促进民族融合，加强民族间经济文化交流，但也不要忘记战备。要掌握好战争与和平的辩证法，他认为“好战则民凋，忘战则民殆”。

【原文】

贞观四年，有司上言：“林邑[①]蛮国，表疏不顺，请发兵讨击之。”太宗曰：“兵者凶器，不得已而用之。故汉光武云：‘每一发兵，不觉头须为白。’自古以来穷兵极武，未有不亡者也。苻坚[②]自恃兵强，欲必吞晋室，兴兵百万，一举而亡。隋主[③]亦必欲取高丽，频年劳役，人不胜怨，遂死于匹夫之手。至如颉利[④]，往岁数来侵我国家，部落疲于征役，遂至灭亡。朕今见此，岂得辄即发兵？但经历山险，土多瘴疠，若我兵士疾疫，虽克剪此蛮，亦何所补？言语之间，何足介意！”竟不讨之。

【注释】

①林邑：即“占城”，唐朝时南方的一个小国，在今越南境内。

②苻坚：东晋十六国时期前秦的君主，在淝水之战中被东晋打败，后为其部将所杀。

③隋主：指隋炀帝。

④颉利：突厥族的首领。

【译文】

贞观四年，有关官员上奏说：“林邑这个南蛮小国，上表奏疏出言不逊，请求发兵讨伐。”太宗说：“军队是一种国家机器，是在没有办法的情况下使用的。所以东汉光武帝说：‘每发一兵，头发和胡须不自觉就会变白。’自古以来穷兵黩武者，没有不灭亡的。前秦苻坚凭着兵强马壮，兴兵百万，想要一举吞并东晋，然而淝水一战全军覆没。隋炀帝也想攻取高丽，连年差役不断，百姓怨不胜怨，最终死于匹夫之手。至于突厥的颉利可汗，往年多次侵犯我国，其部落疲于征战劳役，因此而灭亡。我今天听到这一情况，怎能立即发兵？到林邑国，军队要经历山川险阻，其地域内多瘴气，如果我的将士染上疾病，即使消灭了这一南蛮小国，又有什么好处？言语之间的事情，何必介意！”因此始终没有去讨伐林邑国。

【原文】

太宗《帝苑》曰：“夫兵甲者，国家凶器也。

土地虽广，好战则民凋；中国虽安，忘战则民殆。凋非保全之术，殆非拟寇之方，不可以全除，不可以常用。故农隙讲武，习威仪也；三年治兵，辨等列也。是以勾践轼蛙[①]，卒成霸业；徐偃弃武[②]，终以丧邦。何也？越习其威，徐忘其备也。孔子曰：'以不教民战，是谓弃之。'故知弧矢之威，以利天下，此用兵之职也。”

【注释】

①勾践轼蛙：春秋时期，越王勾践被吴国打败，想要报仇雪恨，勾践在路上看到一只发怒的青蛙，就站在车上，扶着横木向青蛙致敬，越国的将士们都受到深深的激励。轼，古代车厢前面用做扶手的横木。

②徐偃弃武：西周时期，徐偃王不修武备，周天子派楚国将他打败，终于亡国。

【译文】

太宗在《帝苑》一书中说：“兵械甲胄，是国家的凶杀之器。其疆域虽然广袤，如果喜好战争，百姓就会因此凋敝；国家太平安宁，忘记了战争，民众就会懈怠。百姓凋零就不能保全国家，意念懈怠更不能防止敌寇入侵。武装既不可以完全解除，也不可以频繁使用。所以在农闲时要讲习武艺，温习军威仪式；三年一次大练兵，辨别军中等级队列。过去勾践礼敬怒蛙，最终成就霸业；徐偃王废弃武备，因此而丧失国家。是什么原因呢？因为越国不断地备战，而徐偃王放松了戒备。孔子说：‘用未训练的百姓去打仗，实际上是放任百姓让他们去送死。’所以要懂得武备的重要性，以利于天下民众，这就是武备的目的。”

安边第三十六

【题解】

贞观君臣非常注意处理好唐朝与周边少数民族的关系，他们不断检讨汉魏以来的安边之策，根据当时的实情，妥善地处理了突厥内附后的安置问题。

【原文】

贞观四年，李靖击突厥颉利，败之，其部落多来归降者。诏议安边之策，中书令温彦博议："请于河南处之。准汉建武[1]时，置降匈奴于五原塞下，全其部落，得为捍蔽[2]，又不离其土俗，因而抚之，一则实空虚之地，二则示无猜之心，是含育之道也。"太宗从之。秘书监魏征曰："匈奴自古至今未有如斯之破败，此是上天剿绝，宗庙神武。且其世寇中国，万姓冤仇，陛下以其为降，不能诛灭，即宜遣发河北，居其旧土。匈奴人面兽心，非我族类，强必寇盗，弱则卑伏，不顾恩义，其天性也。秦、汉患之者若是，故时发猛将以击之，收其河南以为郡县。陛下以内地居之，且今降者几至十万，数年之后，滋息过倍，居我肘腋，甫迩王畿，心腹之疾，将为后患，尤不可处以河南也。"温彦博曰："天子之于万物也，天覆地载，有归我者则必养之。今突厥破除，余落归附，陛下不加怜悯，弃而不纳，非天地之道，阻四夷之意，臣愚甚谓不可，宜处之河南。所谓死而生之，亡而存之，怀我厚恩，终无叛逆。"魏征曰："晋代有魏[3]时，胡部落分居近郡，江统劝逐出塞外，武帝不用其言，数年之后，遂倾瀍、洛。前代覆车，殷鉴不远。陛下必用彦博言，遣居河南，所谓养兽自遗患也。"彦博又曰："臣闻圣人之道，无所不通。突厥余魂，以命归我，收居内地，教以礼法，选其酋首，遣居宿卫，畏威怀德，何患之有？且光武居河南单于于内郡，以为汉藩翰，终于一代，不有叛逆。"又曰："隋文帝劳兵马，费仓库，树立可汗，令复其国，后孤恩失信，围炀帝于雁门。今陛下仁厚，从其所欲，河南、河北，任情居住，各有酋长，不相统属，力散势分，安能为害？"给事中杜楚客进曰："北狄人面兽心，难以怀德，易以威服。今令其部落散处河南，逼近中华，久必为患。至如雁门之役，虽是突厥背恩，自由隋主无道。中国以之丧乱，岂得云兴复亡国以致此祸？夷不乱华，前哲明训，存亡继绝，列圣通规。臣恐事不师古，难以长久。”太宗嘉其言，方务怀柔，未之从也。卒用彦博策，自幽州至灵州，置顺、祐、化、长四州都督府以处之，其人居长安者近且万家。

自突厥颉利破后，诸部落首领来降者，皆拜将军中郎将，布列朝廷，五品以上百余人，殆与朝士相半。惟拓拔不至，又遣招慰之，使者相望于道。凉州都督李大亮以为于事无益，徒费中国，上疏曰："臣闻欲绥远者必先安近。中国百姓，天下根本，四夷之人，犹于枝叶，扰其根本以厚枝叶，而求久安，未之有也。自古明王，化中国以信，驭夷狄以权[4]。故《春秋》云：'戎狄豺狼，不可厌也；诸夏亲昵，不可弃也。'自陛下君临区宇，深根固本，人逸兵强，九州殷富，四夷自服。今者招致突厥，虽入提封[5]，臣愚稍觉劳费，未悟其有益也。然河西民庶，镇御藩夷，州县萧条，户口鲜少，加因隋乱，减耗尤多，突厥未平之前，尚不安业，匈奴微弱以来，始就农亩，若即劳役，恐致妨损，以臣愚惑，请停招慰。且谓之荒服者，故臣而不纳。是以周室爱民攘狄，竟延八百之龄；秦王轻战事胡，故四十载而绝灭。汉文养兵静守，天下安丰；孝武扬威远略，海内虚耗，虽悔轮台[6]，追已不及。至于隋室，早得伊吾，兼统鄯善，且既得之后，劳费日甚，虚内致外，竟损无益。远寻秦、汉，近观隋室，动静安危，昭然备矣。伊吾虽已臣附，远在藩碛，民非夏人，地多沙卤。其自竖立称藩附庸者，请羁縻受之，使居塞外，必畏威怀德，永为藩臣，盖行虚惠而收实福矣。近日突厥倾国入朝，既不能俘之江淮，以变其俗，乃置于内地，去京不远，虽则宽仁之义，亦非久安之计也。每见一人初降，赐物五匹，袍一领，酋长悉授大官，禄厚位尊，理多糜费。以中国之租赋，供积恶之凶虏，其众益多，非中国之利也。”太宗不纳。

十三年，太宗幸九成宫。突利可汗弟中郎将阿史那结社率阴结所部，并拥突利子贺罗鹘夜犯御营，事败，皆捕斩之。太宗自是不直[7]突厥，悔处其部众于中国，还其旧部于河北，建牙[8]于故定襄城，立李思摩为乙弥泥熟俟利苾可汗以主之。因谓侍臣曰：“中国百姓，实天下之根本，四夷之人，乃同枝叶，扰其根本以厚枝叶，而求久安，未之有也。初不纳魏征言，遂觉劳费日甚，几失久安之道。”

【注释】

①建武：东汉光武帝刘秀的年号(公元25—56年)。

②捍蔽：坚实的屏障。

③晋代有魏：指司马炎夺取曹魏的政权，建立西晋。

④权：权变，灵活。

⑤提封：指诸侯或宗室的封地。也指国内、四境之内。

⑥轮台：古地名。在今新疆轮台东南。本轮台国，汉武帝时为汉军所灭，置使者校尉，屯田于此。汉武帝晚年悔征战，因轮台屯田事而颁罪己诏，检讨自己连年对外用兵的过失，主张停止对外用兵，改良苛暴等。

⑦不直：不信任。

⑧建牙：牙本是大旗，北方少数民族的可汗设营帐叫建牙。

【译文】

贞观四年，李靖击败了突厥颉利可汗，其部落中有不少前来归降的。太宗下令让群臣议论安边之策，中书令温彦博提议说："请在黄河以南安置突厥归降的部落。仿照东汉光武帝的做法，在五原塞下安置投降的匈奴保全其部落，且以此作为我朝的要塞屏障，又不远离其土地，改变其风俗，因此使突厥得以安抚。一来填充了空虚之地，二来表示了我朝没有猜疑之心，这是一条收容和养育之道。"太宗同意温彦博的话，秘书监魏征却认为："匈奴从古到今没有如此之衰败，这是上天要铲除并使之灭绝，也是我朝神武所致。况且匈奴世代侵袭我朝，万民怨恨并想报仇，陛下认为其已投降，所以没有灭绝他们，当时应立即遣送他们到黄河以北，让其仍居住在旧日故土。匈奴人面兽心，非我华夏种族，不和我们同类，他们强大时必然要侵略抢劫，贫弱时就装作卑下臣服，不念及恩情大义是他们的天性。秦、汉时担忧的也是匈奴，所以不时地派遣猛将攻伐，收复黄河以南并在此设置了郡县。陛下让他们迁移内地，而今投降的几乎达十万，数年之后，他们的生养数量还会成倍增长，他们居住在我们的肘旁腋下，接近京城周围，将会成为我朝的心腹之患，所以绝不能让他们居住在黄河以南。”温彦博说：“天子对于万事万物，都有天覆地载的胸怀，凡有归顺臣服的一定要养护起来。今天突厥被打败，其残余部落归附，陛下如果不同情怜悯他们，反而抛弃不接纳他们，这不符合天地之道，也断绝了四夷臣服之心。臣下愚蠢，但认为不能那样做，应当让他们居住在黄河以南。这就是所谓死而生之，亡而存之，这些人会感怀我朝的深厚恩义，而不会产生叛逆之心。”魏征说：“西晋取代曹魏之时，胡人部落分散居住在附近郡县，西晋大臣江统建议把这些胡人驱逐出塞外，而晋武帝没有采纳他的意见，数年之后，胡人终于在瀍河、洛水一带造反为虐。前代的覆车之鉴离我们并不久远。陛下如果一定要听从彦博的话，把胡人遣居黄河以南，这就是所谓的养兽遗患。”温彦博又说：“臣听说圣人之道，没有实行不通的地方。突厥残余人众，把性命交给了我们，如果让他们居住在内地，用礼仪法令教化他们，为他们选择部落首领，派遣将士值宿守卫，这些胡人必然畏威怀德，能有什么隐患呢？且东汉光武帝时，匈奴单于也率众居住于黄河南部的内地郡县，成为了汉朝的藩屏，历经一代也没有叛逆。”又讲：“隋文帝动用兵马，破费仓库粮食，树突厥突利为启民可汗，帮助他恢复其国，后来其后代背恩失信，在雁门围攻隋炀帝。今陛下仁义宽厚，听其所欲，黄河以南、以北任其居住，各自设立酋长，相互之间不统属，势力分散，怎能成为祸害？”给事中杜楚客也进言说：“北胡之人，人面兽心，很难用恩德安抚，只有用武力才容易使其臣服。今天让其部落分散居住在黄河以南，逼近华夏中心，时间一长一定会成为隐患。至于像雁门一仗，虽然是突厥背恩弃义，也是由于隋炀帝无道所致。当时时局的衰败混乱，怎能说是兴复亡国而招致的呢？‘夷不乱华’，是前哲的明训，‘存亡继绝’，是历代圣君的准则。臣下担心事情不效法古代，难以长久。”太宗虽然赞赏他的话，但已打算实行怀柔的策略，并没有听从他的意见。因此太宗最终还是采用了温彦博的策略，自幽州到灵州，设置了顺、祐、化、长四州都督府来安置他们，突厥人居住在长安的也将近一万家。

自从突厥颉利被打败后，来归降的各部落首领都封为将军中郎将，布列朝廷，五品以上官员达百余人，几乎达到了在朝任职官员的一半。当时只有鲜卑拓拔氏没有归降，太宗又派遣使臣安抚招降，一时往来使者不绝。凉州都督李大亮认为这样做无济于事，只能使国家破费，于是上奏说：“臣下听说想要安抚远邦须先安定近邦。国中的百姓是天下的根本，四方藩邦之人，如同枝叶，损害其根本去肥厚其枝叶，来求得平安无事，这是没有道理的事。自古英明之王，用信义来教化中原，用权变来驾驭藩邦。所以《春秋》说：‘戎狄如同豺狼，不能满足；华夏各国是与我们亲近的，不能抛弃。’自从陛下统治天下，十分注意巩固根本，百姓得到休养，九州之内殷实富足，四方夷狄自然臣服。今天却招降突厥，虽然加入我朝版图，臣下愚蠢，觉得过于烦劳破费，没有领会到其中的益处。然而黄河以西的百姓有镇守和防御藩邦的作用，但这里州县萧条，人口稀少。再加上隋末战乱，破坏和耗费特别多，突厥未平定之前，尚未安定生产。匈奴势力衰弱后，这一带百姓才开始回到田地中，如果马上劳役，恐怕又要妨碍他们的耕作、损害他们的利益。以臣的想法，请求停止对北胡招抚。而且称为蛮荒的外邦，即使愿意臣服也不要接纳。周天子爱民而排除外族，就延续了八百年的国运；秦始皇轻率发动战争对付胡人，所以仅四十年便绝灭。汉文帝养兵镇守，天下丰收安定；汉武帝张扬威名向边远地区扩张，结果使天下空虚损耗殆尽，虽有轮台罪己诏，但追悔已经来不及了。至于到了隋朝，很早就夺取了伊吾，后又征服了鄯善，得到之后才知道为此而消耗的日渐增多，招徕了外邦却使国内空虚，总之只有损害没有益处。远察秦、汉，近看隋代，他们的一动一静，国家的安宁与危亡，都是非常明显的事实。伊吾虽已臣服，但远在沙漠之外，民非华夏种族，土地又多沙漠盐碱。对那些前来归附的人，请安抚他们，收留他们，让他们居住在塞外，这样他们就会畏威怀德，永远臣服，确是施行名义上的恩惠而收取实在的利益。近日突厥倾国进入我朝，我不能改变其风俗让其到江淮之地去生活，而安置到黄河以南的内地，离京城不远，虽然这是宽大仁慈的义举，但并非久安之计。何况对每一个初降的人，均赏赐五匹布帛、一件袍子，酋长全都授予大官，俸禄优厚，地位尊贵，自然也就花费极多。用收取国内百姓的租赋，来供给那些凶恶的战俘，其数量又如此之多，非我朝之利事。”但太宗没有采纳他的奏言。

贞观十三年，太宗亲临九成宫。突利可汗的弟弟中郎将阿史那结社率秘密集结部众，支持突利可汗的儿子贺罗鹘乘夜攻袭太宗的宿地，事情败露后，全部被捕捉斩首。太宗从此不再信任突厥，并后悔在国内安排其部众，于是遣发其旧部于黄河以北，在过去的定襄城为其建置王庭，将李思摩立为乙弥泥熟俟利苾可汗来统率他们。并对侍从的大臣们说：“国中百姓确实是天下的根本，四方的藩邦之人，如同枝叶，损伤根本而想枝繁叶茂，求得长久安定，这是决不可能的。当初不采纳魏征的话，终于感觉到烦劳费用日甚一日，几乎断送了长治久安之道。”

行幸第三十七

【题解】

唐太宗鉴于隋炀帝“广造宫室，以肆行幸。离宫别馆，相望道次”，以致“人力不堪，相聚为贼”的教训，表示要“每事省约”。

【原文】

贞观初，太宗谓侍臣曰：“隋炀帝广造宫室，以肆行幸。自西京至东都，离宫别馆，相望道次，乃至并州、涿郡，无不悉然。驰道①皆广数百步，种树以饰其旁。人力不堪，相聚为贼②。逮至末年，尺土一人，非复己有。以此观之，广宫室，好行幸，竟有何益？此皆朕耳所闻，目所见，深以自诫。故不敢轻用人力，惟令百姓安静，不有怨叛而已。”

【注释】

①驰道：专供皇帝行驶车马的大道。

②贼：封建统治者对造反民众的诬称。

【译文】

贞观初年，太宗对侍臣说：“隋炀帝大造宫室，肆意游乐。自西京长安到东都洛阳，离宫别馆，一路上比比皆是，乃至并州、涿郡一带也全是如此。所建驰道宽数百步，两旁都种上树木加以装饰。为此，百姓们不堪忍受，相聚一起谋反。等到他统治的末年，几乎所有的土地、民众都不再为他所有。由此来看，广造宫室，喜好游幸，最终有什么好处？这些都是我耳闻目睹的事，我要时时刻刻以此为戒。因此，我得天下以来，不敢轻易地使用民力，只是想让百姓清静安定，没有什么怨恨，不发生叛逆的行为。”

畋猎第三十八

【题解】

到野外畋猎是唐太宗的一大爱好，但太宗牢记“玩物丧志”的古训，在畋猎这个问题上，尚能听取大臣们的谏诤，适当加以节制，确实是封建帝王中比较突出的。他对谷那律近乎嘲讽的进谏，不但不恼，反而能欣然嘉纳。

【原文】

谷那律为谏议大夫，尝从太宗出猎，在途遇雨，太宗问曰：“油衣若为得不漏？”对曰：“能以瓦为之，必不漏矣。”意欲太宗弗数游猎，大被嘉纳。赐帛五十段，加以金带。

【译文】

谷那律为谏议大夫，有一次跟随太宗外出打猎，在途中遇雨，太宗问道：“油衣怎么做才不会漏雨呢？”谷那律回答说：“如果能用瓦片做成，一定不会漏雨。”谷那律的意思是不想让太宗多次游猎，太宗也深深领会谷那律的心意，赞赏并接纳了他的劝谏。因此赏赐谷那律帛五十段，并加金带一条。

【原文】

贞观十四年，冬十月，太宗将幸栎阳游畋，县丞[①]刘仁轨以收获未毕，非人君顺动之时，诣行所，上表切谏。太宗遂罢猎，擢拜仁轨新安令。

【注释】

①县丞：县令的主要属官，助县令处理文书及仓狱等县政。

【译文】

贞观十四年，冬十月，太宗准备住在栎阳进行游猎。当时县丞刘仁轨考虑到粮食收获还没有完毕，不是人君按照节气进行游猎的时候，所以到皇帝住所，恳切地上奏劝谏。太宗于是停止了游猎，提升刘仁轨为新安县令。

灾祥第三十九

【题解】

封建社会，对于不能理解的自然现象，往往认为是天人感应的祥瑞与灾异。这一方面神化了封建帝王们的统治，也让他们找到了愚弄百姓的法宝。但唐太宗不看重这一套，他认为国之治乱与灾祥是没有什么关系的，关键在于人君治国时，“当须至公理天下，以得万姓之欢心。若尧、舜在上，百姓敬之如天地，爱之如父母，动作兴事，人皆乐之，发号施令，人皆悦之，此是大祥瑞也”。

【原文】

贞观六年，太宗谓侍臣曰：“朕比见众议以祥瑞为美事，频有表贺庆。如朕本心，但使天下太平，家给人足，虽无祥瑞，亦可比德于尧、舜。若百姓不足，夷狄内侵，纵有芝草遍街衢，凤凰巢苑囿，亦何异于桀、纣？尝闻石勒[①]时，有郡吏燃连理木，煮白雉肉吃，岂得称为明主耶？又隋文帝深爱祥瑞，遣秘书监王劭著衣冠在朝堂对考使[②]焚香读《皇隋感瑞经》。旧尝见传说此事，实以为可笑。夫为人君，当须至公理天下，以得万姓之欢心。若尧、舜在上，百姓敬之如天地，爱之如父母，动作兴事，人皆乐之，发号施令，人皆悦之，此是大祥瑞也。自此后诸州所有祥瑞，并不用申奏。”

【注释】

①石勒：东晋十六国时期后赵的君主。

②考使：隋唐朝时，各州派往京城的使者。

【译文】

贞观六年，太宗对侍臣们说：“我近来见大家以议论吉祥符瑞为美事，经常因此而有上表庆贺的。按照我的本心，只要天下太平，家家富足，人人安乐，尽管没有祥瑞降临，也可以和尧舜时期比功德。如果百姓不富足，夷狄又不断向内侵略，即使路上到处长满灵芝，凤凰在苑囿筑巢，这和桀、纣有什么区别呢？我曾听说石勒统治时，有一些郡县官吏焚烧枝干连生的珍贵木材，煮白雉肉吃，就凭这些称得上是英明之主吗？隋文帝十分喜爱吉祥符瑞，派遣秘书监王劭穿戴着朝衣对各州前来进贡的使臣烧香读《皇隋感瑞经》。以前曾看到在民间传说此事，我认为确实可笑。作为人君，当须大公无私治理天下，使得万民欢心。像尧、舜一样，百姓敬之如天地，爱之如父母，如果兴作一些大事，人人都乐意去干，发号施令，民众都自觉听从，这才是最大的吉祥之征。从此以后，各州有关吉祥之事，再不用向朝廷申奏了。”

慎终第四十

【题解】

贞观君臣对于他们在治政方面取得的成绩还是有一个客观清醒的认识的，因此他们反复提醒自己要安不忘危，治不忘乱，“每思危亡以自戒惧，以保其终”。因为太宗深知自己“比于三、五之代，犹为不逮”。太宗也勉励他的臣下“欲匡主济时，追纵于稷、契”。只有君臣“常无懈怠”，才能“各保其终”、“超迈前古”。

【原文】

贞观五年，太宗谓侍臣曰：“自古帝王亦不能常化，假令内安，必有外扰。当今远夷率服，百谷丰稔，盗贼不作，内外宁静。此非朕一人之力，实由公等共相匡辅。然安不忘危，治不忘乱，虽知今日无事，亦须思其终始。常得如此，始是可贵也。”魏征对曰：“自古以来，元首股肱不能备具，或时君称圣，臣即不贤；或遇贤臣，即无圣主。今陛下明，所以致治。向若直有贤臣，而君不思化，亦无所益。天下今虽太平，臣等犹未以为喜，惟愿陛下居安思危，孜孜不怠耳！”

【译文】

贞观五年，太宗对侍臣们说：“自古以来的帝王都不能实现全面感化，假如国内安定，必有外族侵扰。而今四方夷狄皆臣服，五谷丰登，国内也无盗贼，内外一片安宁。这不是我一人之力所能达到的，完全是由于你们共同辅佐的结果。然而居安不能忘危，治平不能忘乱，虽出现了今日这种局面，也要考虑善始善终能经常坚持，这才是难能可贵的。”魏征对太宗说：“自古以来，英明的君主和贤良的大臣不能兼而有之，有时君主贤哲，而臣下不贤；有时臣下贤德，而没有圣明之主。今天陛下英明，所以能达到治理。假如只有贤德之臣，而君主不想治理教化，也不起什么作用。如今四海虽太平，臣等仍未以此而沾沾自喜，希望陛下也能居安思危，孜孜不倦地治理到底！”

【原文】

贞观六年，太宗谓侍臣曰：“自古人君为善者，多不能坚守其事。汉高祖泗上一亭长①耳，初能拯危诛暴，以成帝业，然更延十数年，纵逸之败，亦不可保。何以知之？孝惠②为嫡嗣之重，温恭仁孝，而高帝惑于爱姬之子，欲行废立，萧何、韩信功业既高，萧既妄系③，韩亦滥黜④，自余功臣黥布⑤之辈惧而不安，至于反逆。君臣父子之间悖谬若此，岂非难保之明验也？朕所以不敢恃天下之安，每思危亡以自戒惧，用保其终。”

【注释】

①亭长：“亭”是秦汉时期的一种基层行政单位。“亭长”是地位卑微的官职。

②孝惠：指西汉惠帝刘盈。

③萧既妄系：汉丞相萧何，曾因请求让百姓耕种上林苑的空地，被汉高祖逮捕下狱，不久获释。

④韩亦滥黜：韩信帮助刘邦打天下，立有大功，被封为王，后遭汉高祖猜忌，屡被贬黜，最终被吕后诱杀。

⑤黥布：本称英布，因受过黥刑，故叫黥布，他帮汉高祖夺取天下立有大功，封淮南王，韩信被杀后，黥布恐惧不安而谋反，为高祖平定，被杀。

【译文】

贞观六年，太宗对侍臣们讲：“自古以来为善的君主，多数不能坚持其事业。汉高祖刘邦，当时只不过是泗水的一个小小的亭长，开始时他能济民除暴，成就了自己的帝业。然而在后来当皇帝的十几年中，因纵情肆意而办了不少错事，几乎处在不能自保的地步。为什么这样说呢？汉惠帝为嫡长子，处于继承帝业的重位，温恭仁孝，而高祖宠爱爱姬之子，想要废嫡立庶。萧何、韩信功勋卓著，而萧何曾被无端逮捕下狱，韩信也被多次贬斥最终遭杀害。其余的功臣像黥布等人，都忧惧不安，终于谋反叛逆。君臣父子之间对立背弃到如此程度，难道不是难保的明证吗？所以我并不敢自恃天下太平，而常常思虑危亡来警戒自己，使自己能做到善始善终。”

【原文】

贞观十二年，太宗谓侍臣曰："朕读书见前王善事，皆力行而不倦，其所任用公辈数人，诚以为贤。然致理比于三、五之代，犹为不逮[1]，何也？"魏征对曰："今四夷宾服，天下无事，诚旷古所未有。然自古帝王初即位者，皆欲励精为政，比迹于尧、舜；及其安乐也，则骄奢放逸，莫能终其善。人臣初见任用者，皆欲匡主济时，追纵于稷、契[2]；及其富贵也，则思苟全官爵，莫能尽其忠节。若使君臣常无懈怠，各保其终，则天下无忧不理，自可超迈前古也。"太宗曰："诚如卿言。"

【注释】

①不逮：比不上。逮，及也。

②稷、契：稷为古代周族的始祖，契为商的始祖。

【译文】

贞观十二年，太宗对侍臣们说："我在读书中了解到前代帝王所做的一些善事，自己想尽力仿效并努力去实行，我所任用的几个大臣，的确很贤德。然而所取得的成就和三皇、五帝相比，仍然还有差距，这是什么原因呢？"魏征回答说："今天四夷臣服，天下太平无事，是自古以来所未有过的。历代帝王都想励精图治，和尧、舜等圣贤比功绩；到了太平安乐时，则骄奢放纵，不能善终。初被任用的大臣也都想匡扶君王救助时政，追赶仿效于周稷、商契；到了富贵之时，就想到苟且保全其官爵，不能尽其忠义和大节。如果能使君臣之间经常保持不懈怠，各保其慎终，则天下不用担心不能治理，而且自然会超过前古往代。”太宗说：“的确如你所讲。”

【原文】

贞观十四年，太宗谓侍臣曰：“平定天下，朕虽有其事，守之失图，功业亦复难保。秦始皇初亦平六国，据有四海，及末年不能善守，实可为诫。公等宜念公忘私，则荣名高位，可以克终其美。”魏征对曰：“臣闻之，战胜易，守胜难。陛下深思远虑，安不忘危，功业既彰，德教复洽，恒以此为政，宗社无由倾败矣。”

【译文】

贞观十四年，太宗对侍臣们说：“平定天下之时，我虽然也参与其事，并用尽了我的精力和智慧，但如果守成巩固帝业之时不能兢兢业业，失去长远的考虑，功业也是很难保住的。秦始皇当初也曾平定了六国，据有了天下，到了末年却不能很好的坚守，确实是应该鉴戒的。你们也应该为公忘私，使自己的名誉和地位能得以保全，能做到善始善终。”魏征进言说：“臣听说，战而取胜容易，巩固守成艰难。陛下能深思远虑，居安思危，功业已经很显著，德政教化很有成效，如果永远能以这样的方式进行治理，国家就不会倾覆危亡。”

【原文】

贞观十六年，太宗问魏征曰：“观近古帝王

有传位十代者，有一代两代者，亦有身得身失者。朕所以常怀忧惧，或恐抚养生民不得其所，或恐心生骄逸，喜怒过度。然不自知，卿可为朕言之，当以为楷则。”征对曰：“嗜欲喜怒之情，贤愚皆同。贤者能节之，不使过度，愚者纵之，多至失所。陛下圣德玄远，居安思危，伏愿陛下常能自制，以保克终之美，则万代永赖。”

【译文】

贞观十六年，太宗问魏征说：“察看古代和近代的帝王中，有传位十代的，有传位一代、两代的，也有自己得天下又自己失去天下的。我经常怀有忧虑和恐惧，有时担心抚养百姓不能得其要领，有时又担心自己产生骄傲和放纵的想法，喜怒超过限度。然而这些言行和想法的产生，我有时自身并不能察觉，你们要经常提醒和进谏，应当将此定为今后的一项规定。”魏征回答说：“嗜欲喜怒，贤德的人和愚昧的人都有，贤者能节制，不使它过度，愚者却放纵，常常失度而超越界限。陛下圣贤之德深厚而久远，又能居安思危。臣希望陛下能经常自我克制，以保持善始善终的美德，那么对后世万代都是一个很好的寄托和信赖。”